思想品德健康教育书系

创造青春成长的空间

和兴文化◎编著

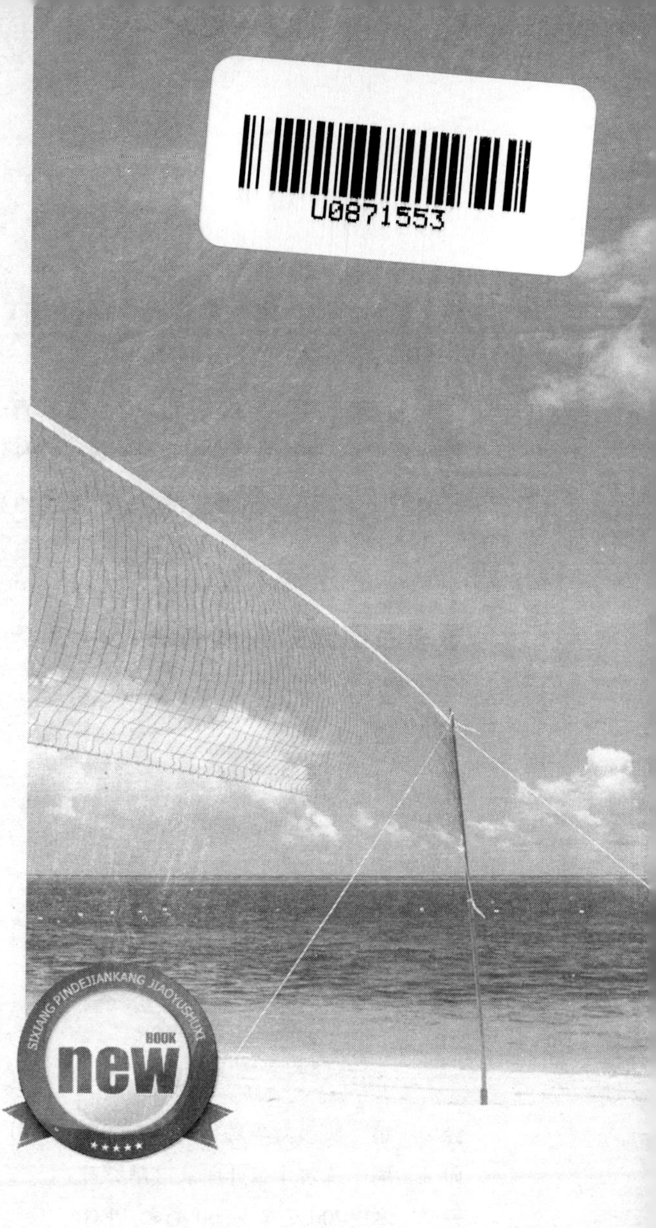

陕西出版传媒集团
太白文艺出版社

图书在版编目（CIP）数据

创造青春成长的空间/和兴文化编著．—西安：太白文艺出版社，2013.6

（思想品德健康教育书系/刘东主编）

ISBN 978－7－5513－0476－4

Ⅰ.①创… Ⅱ.①和… Ⅲ.①品德教育—中国—青年读物②品德教育—中国—少年读物 Ⅳ.①D432.62

中国版本图书馆 CIP 数据核字（2013）第 109074 号

思想品德健康教育书系

创造青春成长的空间

主　　编　刘　东

编　　著　和兴文化

责任编辑　王大伟　李　丹

封面设计　梁　宇

版式设计　刘兴福

出版发行　陕西出版传媒集团
太白文艺出版社
（西安北大街 147 号　710003）
E－mail：tbyx802@163.com
tbwyzbb@163.com

经　　销　陕西新华发行集团有限责任公司

印　　刷　三河市恒升印装有限公司

开　　本　700 毫米×960 毫米　1/16

字　　数　145 千字

印　　张　12

版　　次　2013 年 6 月第 1 版第 1 次印刷

书　　号　ISBN 978－7－5513－0476－4

定　　价　25.80 元

邮政编码　065200

前　言

品德和才学，到底哪个更重要？这个历来聚讼不已的话题，能否对其有一个正确的认识和回答，不仅是选拔任用人才的着眼点，同时也是我们培养教育青少年的方针大纲。孰为重？孰为轻？如何在我们的教育中贯彻我们认为的重点，同时又能坚持“两点论”和“重点论”的完美谐和的统一，培养出国家和社会需要的优秀的青少年，这是最考验教育工作者的智慧和能力的地方。

宋代著名历史学家、政治家司马光曾经在他的巨著《资治通鉴》中讨论过这个问题。对于二者的关系，他认为：“才者，德之资也；德者，才之帅也。”也就是说，才学是品德的资本，而品德则是才学的统帅。也就是说，有了品德这个居于领导地位的统帅，才学的资本才能正常而且完全地发挥它的价值，给个人、社会和国家带来正面积极的影响。司马光又接着说：“君子挟才以为善，小人挟才以为恶。挟才以为善者，善无不至矣；挟才以为恶者，恶亦无不至矣。”也就是说，才学是一把双刃剑，既可以行善，也未尝不可以作恶。至于到底是行善还是作恶，则完全要看掌握才学的人是品德高尚的君子，还是品德卑下的小人。君子的才学可以用来造福社会和国家，使善行遍布四海；小人的才学也会给社会和国家带来灾难，使邪恶播撒人间。由此可见品德的极端重要性。而品德与才学孰重孰轻的问题，也就不言自明了。

我国古代历来重视品德的教养，教育的思路也从来就是把品德放在比才学更重要的地位，《论语》中就有一句话说：“贤贤易色，事父母能竭其力，事君，能致其身，与朋友交，言而有信。虽曰未学，吾必谓之学矣。”可见古人认为，只要有了尊重贤良、孝敬父母、忠于祖国、待人诚信等等高尚的品德，那么即使没有才学，也仍然是一个堂堂正正的人。当然，我们不是强调品德的重要性，而又走到另一个极端——否认才学的重要性。就像毛泽东同志所说，我们要坚持“两点论”和“重点论”的统一。即在保证品德教育的前提下，掌握的才学越多越充实越好。这样才能为我们的社会和国家做出更多的有益的贡献。

无可回避的是，一直以来，我们的教育都有着重学习轻品德、重知识轻能力、重成绩轻素质的弊端和问题。这或许使得我们的青少年在成长过程中走了弯路，或者会给他们的成长、成材和以后人生的发展带来负面的影响。长此以往，甚至也有可能给我们的社会和国家带来消极的影响。基于这个重大的问题，我们深感责任重大，于是编写了这套丛书，涵盖了我们能设想到的方方面面，希望能在青少年思想品德教育方面，弥补现行学校教育可能存在的缺失，贡献我们一份绵薄之力。

当然，丛书编的究竟如何，最终还是要看它能不能得到广大青少年的喜爱和认可。限于水平，书中不能没有错误，尚请方家指正。同时也欢迎各位读者和广大青少年提出宝贵的意见和建议。

目 录

第二章　扬起青春的风帆

第三章　让梦尽快成真

第一章 放飞心灵的梦想

失去还可以重新拥有

失去并不意味着失败，失去后还可以重新拥有。

一个人坐在轮船的甲板上看报纸。突然一阵大风把他新买的帽子刮落大海中，只见他用手摸了一下头，看看正在飘落的帽子，又继续看起报纸来。另一个人大惑不解："先生，你的帽子被刮入大海了！""知道了，谢谢！"他仍继续读报。"可那帽子值几十美元呢！""是的，我正在考虑怎样省钱再买一顶呢！帽子丢了，我很心疼，可它还能回来吗？"说完那人又继续看起报纸来。

的确，失去的已经失去，何必为之大惊小怪或耿耿于怀呢？

许多人都有过丢失某种重要或心爱之物的经历：比如不小心丢失了刚发的工资，最喜爱的自行车被盗了，相处了好几年的恋人拂袖而去了等等，这些大都会在我们的心理上投下阴影，有时甚至因此而备受折磨。究其原因，就是我们没有调整心态去面对失去，没有从心理上承认失去，只沉湎于已不存在的东西，而没有想到去创造新的东西。人们安慰丢东西的人时常会说："旧的不去新的不来。"事实正是如此，与其为失去的自行车懊悔，不如考虑怎样才能再买一辆新的，与其对恋人向你"拜拜"而痛不欲生，不如振作起来，重新开始，去赢得新的爱情。

有两个朋友曾结伴出门旅游，在即将返回的时候他们发现钱包不见了。其中一个人把自己去过的地方寻了个遍，询问了许多人，还到派出所报了案，结果一无所获。而另一个朋友在发现丢了钱包之后，不是一味地懊悔，而是积极想办法，考虑如何才能挣到回家的路费。他走进一家饭店，向老板讲明了自己的情况后，用给饭店洗菜的办法为自己和同行的朋友挣得了回家的路费。他还从此和这家饭店的老板交上了朋友，定期有信函往来。直到现在，一提起这件事他也总是说："旅游的时间那么短，有趣的事那么多，为了丢失钱包而一直烦恼下去很不值得。"朋友的文化水平并不高，但他的话却很有哲理。人生有许多事情要做，为什么要为一时的失去而一直伤心呢？

每个人都有过失去，但对其所持的心态却不同。有的人总是向人反复表明他失去的东西有多么好，有多么的珍贵……还有好多人则不同。比如，他们在失去了原有的工作之后，不是一味地伤感，而是主动寻找新的工作；他们相信，失去并不意味着失败，失去后还可以重新拥有。这才是成功者应具备的心态。

自卑是人格的泥淖

如果自卑感盘踞在人的心中，理想与抱负就会全部丧失。

自卑是人格的泥淖，一旦陷身其中，就会失去自立自强的做人骨气。

很久以前，有一个小男孩，他非常的自卑。因为他的背上，有着两道非常明显的疤痕。这两道疤痕，就像是两道暗红色的裂痕，从他的颈部一直延伸到腰部，上面布满了扭曲鲜红的肌肉，所以这个小男孩，非常非常的讨厌他自己，也非常害怕换衣服，尤其是体育课，当全部的小孩子都很高兴地脱下又粘又不舒服的制服，换上轻松的体育服装的时候，小男孩都会一个人偷偷地躲到角落里，用背部紧紧地贴住墙壁，用最快速度换上体育服装，生怕别人发现了他的背部，有两条这么可怕的缺陷。

可是，时间久了，他还是被其他小朋友发现了他背上的疤，"好可怕喔！""怪物！！""不跟你玩了！""你是怪物！""你的背上好恐怖！"天真的小朋友们，无心的话往往最伤人，小男孩哭着跑出教室以后，从此再也不敢在教室里换衣服，再也不上体育课了。

这件事发生以后，小男孩的妈妈特地牵着他的手，去找班主任老师，小男孩的班主任老师是一个四十岁，很慈祥的女老师，她仔细地听着妈妈说小男孩的故事，“这孩子在刚出生的时候，就生了重病，当时本来想放弃他的，可是，又不忍心，一个这么可爱的生命好不容易诞生了，怎么可以轻易地结束掉呢?”

妈妈说着说着，眼睛就红了，“所以我跟我丈夫，决定把小孩给救活，幸好当时有位很高明的大夫愿意尝试用动手术的方式挽救这条小生命，经过了几次的手术，好不容易他的命留下来了，可是他的背部，也留下这两条清楚的疤痕……”

妈妈转头吩咐小男孩，“来，把背部掀给老师看……”

小男孩迟疑了一下，还是脱下了上衣，让老师看清楚这两道恐怖的痕迹，也曾是他生命奋战的证明，老师诧异地看着这两道疤，有点心疼地问。

“还会痛吗?”

小男孩摇摇头，“不会了……”

妈妈双眼泛红，“这个孩子真的很乖，上天对他的生命很残酷了，现在又给他这两道疤，老师，请您多照顾他，好不好?”

老师点点头，轻轻摸着小男孩的头，“我知道，我一定会想办法的……”

此时老师心里不断地思考，如果限制小朋友不准取笑小男孩，只能治标，不能治本，小男孩一定还会继续自卑下去的……一定要想个好办法。

突然，她脑海灵光一闪，他摸了摸小男孩的头，对他说，“明天的体育课，你一定要跟大家一起换衣服喔……”

“可是……他们又会笑我说……说我是怪物……人家不是怪物……”

小男孩眼睛里头，晶莹的泪水滚来滚去。

“放心，老师有法子，没有人会笑你。”

“真的?”

“真的！相不相信老师?”

“……相信……”

“那勾勾手。”老师伸出了拇指，小男孩也毫不犹豫地伸出他小小的右手。

“我相信老师……”

第二天的体育课，很快就到了，小男孩怯生生的躲在角落里，脱下了他的上衣，果然不出所料的，所有的小朋友又露出了诧讶和厌恶的声音。

“好恶心喔……”

“他的背上长了两只大虫……”

“好可怕，恶……”小男孩双眼睁得大大的，眼泪已经不听话地流了下来。

“我……我才不……不恶心……”

这时候，教室门却突然被打开，老师出现了。

几个同学马上跑到了老师面前说：

“老师你看……他的背好可怕，好像两只超大的虫……”

老师没有说话，只是慢慢地走向小男孩，然后露出诧异的表情。

“这不是虫喔……”老师眯着眼睛，很专注地看着小男孩的背部。

“老师以前听过一个故事，大家想不想听？”

小朋友最爱听故事了，连忙围了过来，“要听！老师我要听！”

老师比着小男孩背上那两条显眼的深红疤痕，说道，“这是一个传说，每个小朋友，都是天上的天使变成的，有的天使变成小孩的时候很快就把她们美丽的翅膀脱下来了，有的小天使动作比较慢，来不及脱下他们的翅膀。”

“这时候，那些天使变成的小孩子，就会在背上留下这样两道痕迹喔。”

“哇……”小朋友发出惊叹的声音，“那这是天使的翅膀啰？”

“对啊，”老师露出神秘的微笑，“大家要不要检查一下对方，还有没有人的翅膀像他一样，没有完全掉下来的？”

所有小朋友听到了老师这样说，马上七手八脚的检查对方的背，可是，没有人像小男孩一样，有这么清楚的痕迹。

“老师，我这里有一点点伤痕，是不是？”一个戴眼镜的小孩兴奋的举手。

“老师，他才不是，我这里也有红红的，我才是天使……”

小朋友们争相承认自己的背上有疤，完全忘记取笑小男孩的事情。

小男孩也是，他原本哭红的双眼，此刻早已停止流泪。

突然，一个小女孩轻轻地说，“老师，我们可不可以摸摸，小天使的翅膀?”

“这要问小天使肯不肯啰。”老师微笑的向小男孩眨眨眼睛。

小男孩鼓起勇气，羞怯的说，“……好。”

女孩轻轻地摸了他背上的伤痕，高兴地叫了起来，“哇，好软，我摸到天使的翅膀了。”

女孩这么一喊，所有的小朋友像发疯似的，每个人都大喊，“我也要摸!”“我也要摸天使的翅膀!”

一节体育课，一幅奇特的景象，教室里几十个小朋友排成长长的一排队伍，等着摸小男孩的背。小男孩背对着大家，听着每个人的赞叹声，羡慕的啧啧声，还有抚摸时，那种奇异的麻痒感觉。他的心里，不再难过了，小男孩脸上，泪痕还没干，却已经露出了久违的笑容。一旁的老师，偷偷地对小男孩做出胜利的手势，小男孩忍不住，格格地笑了起来。

后来，这小男孩渐渐长大，他深深感谢着老师一句“这是天使的翅膀”让他重拾信心。他高中时还参加了全市的游泳比赛，得到了亚军，他勇敢地选择了游泳。因为他相信，他背上那两道伤痕，是被老师爱心所祝福的。也许你看到这个故事后，心情是柔柔、暖暖和清爽的，尤其在这样的季节里。当你在畏怯自卑的时候，想及自己的长处，自然就有勇气挺起胸脯来。

心理健康和身体健康同等成长

痛苦与欢乐，黑暗与光明，相互交替。只有知道怎样使自己适应它们，并能聪敏地逢凶化吉的人，才懂得如何生活。

在中古世纪的英国，有一天，国王亨利八世到森林里去打猎，到了中午用餐时间，他顺道去拜访附近的一所修道院。因为这一次的到访是非正式的，所以他并未透露自己是国王的身份，只告诉修道院长，他是国王座前御林军的一员。

修道院长很热情地将亨利八世打猎所获的鹿肉，料理成一大盘香喷喷的烤肉，端到了亨利八世的面前。这位在森林中晃荡了一个上午的国王，一见到那些烤肉，立刻毫不迟疑地用最快的速度，狼吞虎咽地一扫而光。

修道院长在一旁见到这种情况，不禁感叹道：“唉！最令我感到遗憾的，就是肠胃太过虚弱，连炖得最烂的鸡腿肉都无法消化。如果谁能够治好我的肠胃虚弱，让我能有像你那么好的胃口，那我不惜送给他一百个金币来当做谢礼。”

几天之后，修道院长突然被逮捕，送到专门囚禁政治犯的监狱中，每天两餐，只有粗糙的黑面包和清水供应。

究竟是为了什么缘故，使得自己遭受逮捕囚禁，修道院长想破了脑袋也想不出一个所以然来。正因为想不出获罪的原因，使得修道院长内心的恐惧日甚一日，不分昼夜都无法入眠，搞得自己筋疲力尽，饥渴不堪。

一个星期后，有一天狱卒突然端了一大盘的烤鹿肉，走进囚房里交给他。已经饿得奄奄一息的修道院长，见到香气四溢的烤肉，连餐具都来不及拿，直接就发挥双手万能的精神，十指齐下地拼命吃了个盘底朝天。

这时候，一直在门外等候的亨利八世缓缓走了进来，微笑道：“怎么样？院长，我把你的肠胃虚弱的症状治疗得完好如初了吧？那一百个金币的谢礼，还不赶快拿出来，要不然，你可真的走不出这个恐怖的监狱了。”

修道院长见到亨利八世，方才知道他就是国王。对于自己的矫情做作，修道院长虽然感到极其尴尬，但仍是很爽快地拿出金币，心情轻松地回到自己的修道院，从此不再有肠胃虚弱的怪毛病了。

“少年不识愁滋味，为赋新词强说愁。”这两句话点出了这个故事的微妙之处。事实上，不是只有年轻人会产生这样的“悲剧主角”情结，几乎可说是每一个人，不分男女老少，都常会陷入过度自恋的漩涡之中而不自知，犹如故事中的修道院长一般。

科技日益进步，让人们的生活层次不断地提升，但相对的心灵境界，似乎并未获得同等的成长，遂导致许多所谓“心因性”或“自发性”的文明疾病丛生。

故而，正确的因应之道，必须先建立现代人健康的心灵。拥有了健康的心理，自然而然，健康的身体也就不再是遥远的梦想，这是一个值得我们注意的课题。

不妨就从这一刻开始，停止所有自怜自艾的消极意识，试着让自己的心灵变得快乐且充满期待，只期待最棒的事情发生在自己的身上，让自己的身心更健康，也让这个社会变得更健康、更加充满活力。

珍惜活着的感觉

人想怎样生活，取决于自己的人生态度，若想活得质量好，就一定要在活的过程中找到感觉。

人生不是白开水，人生中充满了喜怒哀乐和酸甜苦辣。活着地感觉到底是什么样子，也许就如同是一千个人眼中就有一千个哈姆雷特一样。活着是什么样，也许所有的人都会告诉你一个接近于哲理的回答：如人饮水，冷暖自知。但是不管怎么样，人有权力活得好，活出质量，这就是为什么有很多人讨厌烦恼，喜欢快乐的出发点，想怎么样生活，取决于你自己的人生态度，你想活的质量好，就一定要在活的过程中找到感觉。

一位得知自己不久将离开人世的老先生，在日记簿上记下了这段文字：

“如果我可以从头活一次，我要尝试更多的错误，我不会去事事追求完美。”

“我情愿多休息，随遇而安，处世糊涂一点，不对将要发生的事处心积虑计算着。其实人世间有什么事需要斤斤计较呢？”

“可以的话．我会去多旅行，跋山涉水，危险的地方也不怕去一去。以前我不敢吃冰激凌，不敢吃豆，是怕健康有问题，此刻我是多么的后悔。过去的日子，我实在活得太小心，每一分每一秒都不容有失。太过清醒明白，太过清醒合理。”

“如果一切可以重新开始，我会什么也不准备就上街，甚至连纸巾也不带一块，我会放纵得享受每一分、每一秒。如果可以出来，我会赤足走在户外，甚至整夜不眠，用这个身体好好地感受世界的美丽与和谐。还有，我会去游乐园多玩几圈木马，多看几次日出，和公园里的小朋友一起玩耍。”

“只要人生可以从头开始，但我知道，不可能了。”

人生真的不可能再来一次，以有限追求无限，请珍惜活着的感觉！

记得这样的事还常常出现：

一个人慢悠悠地走在马路上，任凭身后的汽车喇叭叫个不停，他却仍然不慌不忙，一副很不情愿让路的样子。嘴中还嘟嘟囔囔："你着急，谁不着急？有种就开上来吧！"

后来，这个人坐上了汽车的时候，又非常讨厌那些不及时让路的步行者和骑车人。甚至动不动就出口不逊："怎么？找死啊！"

一个人在站牌下等车的时候，引颈翘首，望眼欲穿，恨不得让每一辆过来的公交车都在此停下，立即停下。

后来，这个人终于挤到了车上，但他立即就喝令关上车门，并怒目而视那些仍然往上挤的人，盼望这辆汽车加快速度，永不再停。

同是一个人，在车下是一种态度，在车上又是一种态度。在车下的时候，看着车上的人有毛病；等到自己上了车，又反过来看着车下的人有毛病。

在我们的生活中，总是"车下的"人多，"车上的"人少。所以，当"车下的"挡路、挤车或者报怨、发牢骚的时候，"车上的"一定要忍耐一些，宽容一些。只有这样才能活得轻松自如，才能生活中少找晦气，才能活出自己的感觉。

活着其实是一种享受，活着的感觉是美好的，生活中的斤斤计较本来是可以避免的，是不会影响你的生活质量的良好心情的。活出自己的个性与风格，活就活出质量，莫使百年人生变成百年孤独。

大有裨益的假期

聪明的人会不惜代价，去换取一个休息的假期。

看看那些终年劳碌的小商人，冒着严寒酷暑仍然在店铺里工作，他们的面容是多么憔悴。而那些绞尽脑汁的作家，他们连续几个月不停地用脑工作，到了后来，他们的笔都写秃了，他们的肉体与精神机器也运转不灵了，他们的思想也就变得迟钝了。那些事务繁忙的律师和医生也显得疲惫不堪，尽管他们仍然在勉强地支持，但他们的心中在呼喊着要相当的休息。又有一些家庭主妇们，一年到头终日困在家中，为家务操劳，为烦琐的事而困倦。显然，她们也需要到大自然中去休息。一些面色惨白的学生终日学习，时间一久必定弯腰弓背，好似枯萎的花木。上述各行各业的劳碌者，在每一个城市中都有，他们都需要田野森林来丰富他们的生活。

聪明的人会不惜代价，去换取一个休息的假期。他们休过假后再回来了，同时带着清醒的头脑、强健的体魄、饱满的精神和新的希望，他们简直像一个新人，不再感觉疲劳和厌倦，而是充满了愉悦和快乐。

花掉一些时间，可以使你重新获得大量的精力和体力，使你重获应付各种问题的更大力量，使你对生命、对工作、对事业有一种愉快的感觉，这难道不好吗？世上还有哪种投资比一年一度的休假更来得划算呢？

如果一个人在一年中竟然不能为自己安排一个假期，那么他一定有些反常。或是因为职务低微，他的能力不足以应付他的业务，他的工资缺乏条理和秩序，或是过分的吝啬，他以为离职几星期，会减少自己的收入。当然，如果他做事没有条理，缺乏系统性，那么几个星期的假期对他肯定是大有裨益的。

一年一度的休假是最有价值的投资。人们能从休假中获得更大的益处、更多的生命资本，至于对精神上的愉悦和身体上健康的好处，那就更不用说了。

许多人由于终年工作，得不到片刻的休息，积劳成疾，以致断送了生命。

对于品格的培养来说，休假也是有极大的价值的，俗语说得好："在患病时，任何人都是恶人。"即使是最善良的人，在身体患病、精神衰弱之时，也会变得横暴无理。人在脑筋疲劳以后，立刻就要休息。如果那时还得不到休息，就容易因琐细的事情而愤怒，就会变得思想迟钝、双目无光、脚步无力。

无论是学生、商人，还是企业界的其他人士，有了上述的病症后就应该立即停止工作。如果此时还不加以注意，就要遭受更大的痛苦，甚至影响一生的前途。大自然的规律是不以人的意志为转移的，它多次警告人们，不管是谁，如果对大自然的警告不加理睬，都会受到最后的审判，受到大自然的惩罚。

寻找迷失的自我

战胜生命绝望的力量在于生命本身。

人总是在生活中为了很多事情感觉到茫然，在茫然无措的时候，你可能甚至连自己是谁，为什么这样做，都会产生疑问，甚至会在整个生活中，感觉到没有什么意义，会为自己所有的一切没有意义而苦恼，怎么样接触这样的烦恼和忧愁？那就需要你在生活中有明确的理想，需要你在生活之中寻找迷失的自我。

那一天傍晚，他心烦意乱地走到了悬崖边。他觉得无聊而平淡，年轻的心已不愿负担人世的孤独和艰辛。他感到周身的血液如禁锢在坛子里的葡萄酒，有一种要把这坛子打破的冲动。

于是，他把脚轻轻凌空一提。忽然，有什么独特的声音传来，他不禁侧耳静听。噢，是婴儿的哭声。在这荒山野岭，生命依然高高在上。顿时，一种前所未有的激动袭来，他一把推开诱他自杀的死神，循着啼声和灯光奔去。那是他命运里最耀眼的一次闪电。数年后，他的伟大作品如春雨般洒落俄国以及世界。

他，就是屠格涅夫。

战胜生命绝望的力量恰恰在于生命本身。每一个人都有自己的追求与失落、欢乐与痛苦。而对自然与社会，人不可能总是胜者，就像季节不会总是春天。而生命，饱含万千活力，万千情感的生命，终究傲然于、绵延于苍苍天地间，注释着我们星球上的光荣与梦想。

我们是国家屋顶下的一群，又是一群生命人个体。这个时代比以往更看重个人的价值取向、人生的奋斗精神。每个人面前都隐伏着万千机遇，而最大的机遇却是洋溢与你生命中的乐观和欢喜。

“纵然是瓢泊四方，也在边走边唱”。自觉地享受着实在的生活，又被高远的希冀所吸引，那该是如鸟在林的快乐啊，所有的树木清风都适合你。

让我们的灵魂再随着屠格涅夫站在崖畔上一次，感受生命啼哭的欢乐。

再转过身来，在寻找自我的路上，边走边唱，浑然忘我。

有首歌，其中有句词是这样的："寻寻觅觅寻不到活着的证据，都市柏油的路太硬，它踩不出足迹，骄傲无知的现代人，不知道珍惜。"这就清楚的刻画出了人们在生活中的一种无望和失去目标的无奈，其实哀莫大于心死，如果你没有一种目标感，没有在向目标冲击中表现出的活力，那么你的生活就真的是灰暗的。想获得快乐生活，那么你就要在茫茫人海中把握自己，寻找自己。

在寂寞中创造自己

寂寞是无所不在的影子，但理想和期盼的光芒一出来，它便逃到一边去了。

一个晚上，当电视里正在上演一出风花雪月的故事的时候，一青年去拜访大学时的一位老师。老师在书房里，那年轻人叩门而进时．正好他的老师看完最后一页文稿。见他进来，便递给他，说你也看看。他这一看，就花掉了整整一个晚上的时间，甚至到了第二天天快亮的时候。天快亮了，朦胧中有些晨曦，更有些清新．他伸了个懒腰，却并没有一丝睡意。

这堆厚厚的文稿，是一位在城里打工的年轻人写的，甚至在第一行他就连岳麓山的麓字也写错了。每一页文字里面总会有些错字别字，字迹也歪歪扭扭的，虽然如此，但却很工整，一笔一画都很分明，从第 1 页一直到最后第 305 页结尾，都是如此。文后附有一封短信，其中写道：寂寞时，他便开动思想和笔，也就看到了寂寞的光芒。这句话深深地触动了他，让他也一下子自愧和自疚起来。

是呀，对于寂寞．我们是爱它还是恨它？是拥抱它还是躲避它？我们看到寂寞是穿着什么颜色的外衣，又是发出什么样的声响和光芒？我们是为它而生还是为它而死？我们是因它而欢还是因它而苦？

寂寞的桃花开着，并非只等待风雨的摧残，寂寞的路灯亮着，陪伴的并不仅只有蚊虫的飞舞；寂寞的天空蓝着，并非迎候乌云的密布，寂寞的时间流着，并不仅是往事的哭诉；寂寞的你我在茫茫的夜里，真的只剩眼睛无神地睁着？

除开寂寞，你还有什么？

这位年轻的打工仔，他白天为生活所逼，夜晚为寂寞所逼，这种无奈当是一种何等的悲剧境界？然而他透过寂寞却看到了灿烂的光芒，这使我们想起塞翁失马的故事，想起了“祸兮，福之所倚”这句话来。这位因家境贫寒没有念完初中的乡村伢子，他用写得并不太好的歪歪扭扭的长篇小说打动了我们，他用他的错字别字打动了我们，也更用他对于寂寞的一种坚强态度打动了我们，使我们重新打量起寂寞来。寂寞是什么呢？是无话可说、是无处倾诉、是曲终人散之后的无边空落吗？或者是，或者不是。有些闲着无事可做的人是寂寞的，也有些咋咋呼呼忙活的人也是寂寞的。直说吧，寂寞是一种心态，是你的心态和你的时间。心态决定着你的成败，时间腐蚀着你的生命。而你我是可以调整心态的，也可以节省时间的，寂寞原来并不可怕。

十年寒窗苦是寂寞的，却可以换来一举成名时；郊外无名草是寂寞的，却可以换得极目春满园。同样是寂寞，寒窗与一举成名，野草与春色满园该有多大的差距，这中间，除开寂寞之外，还有什么呢？

那年轻人经常收到父母从老家千里迢迢寄来的书信，他们总是在信笺上用一些湿淋淋的词汇敲打他的神经，使他感觉到背上的负重和内心的感动，他就害怕辜负，害怕青春会像落花流红，害怕理想会无果而终。他常常在孤独难耐的时候告诫自己说，耐住寂寞耐住寂寞，你看看时间的闹钟走得是多么步履匆匆。寂寞是无所不在的影子，它用黑色或灰色的伎俩涂弄你的身体和生命。但它却害怕那些理想和期盼所发出的光芒，理想和期盼的光芒一出来，寂寞便逃到一边去了。

这个时代，是个喧嚣的年代，却仍有着不少寂寞的人，那位城里的打工仔他在忙完了活计以后，却还有着当作家的梦想和行动，不管这能不能实现都是让人欣慰和鼓舞的。或者说，他能够感觉到寂寞在碰撞他的青春和生命，能够与寂寞进行着不屈不挠的交锋，而且是用一种积极的方式，真的是难能可贵的。可悲的是处在寂寞里那些坐井观天的人经常把酒问青天，还装着大家风范地说“何有解忧唯有杜康”。可是杜康是好酒，而且曹操也是一代风流，他怎么可能把整个一生泡在寂寞里，要不他怎么能把名字留在我们今天的历史书上。鲁迅先生说“不在沉默中爆发，就在沉默中死亡”，我们也不妨说句：不在寂寞中创造自己，就在寂寞中毁了自己。

除了寂寞，你还有什么呢？

世界是这样美好

世界还是那个世界，只是感受世界的那颗心不同而已。

只有一个真正严肃的哲学问题，那就是自杀。这是加缪《西西弗斯神话》里的第一句话。朋友提起这句话时，正躺在医院急诊室，140 粒安眠丸没有撂倒他，又能够微笑着和大家说话了。

另一位癌晚期的朋友，一年前医生就下过病危通知书，是钱、药、家人的爱在一点一点地延长着他的生命。对于病人，病痛的折磨或许会让他感到生不如死，对于亲人来说，不惜一切代价，只要他活着，只要他在那儿。

人无权决定自己的生，但可以选择自己的死。为什么要活着？怎样活下去？是终生都要面对的问题。

有一个春天，使人感到很忧郁，是那种找不到目的和价值的空虚，那种无枝可栖的孤独与苍凉。一个下午，笔者抱了一大堆影碟躲在屋，直到我看到伊朗影片《樱桃的滋味》，我的心弦被轻轻地拨动了。

那时我的电脑还没装音箱，只能靠中文字幕的对白了解剧情。剧情大致是这样的：

巴迪先生驱车走在一条山间公路上，他神情从容镇静，稳稳地操纵着方向盘。他要寻找一个帮助埋掉他的人，并付给对方 20 万元。一个士兵拒绝了，一位牧师也拒绝了。天色不早了，巴迪先生依然从容镇静地驱车在公路上寻觅。这时他遇到了一个胡子花白的老者，老者给他讲了一个故事：我年轻的时候也曾想过要自杀。一天早上，我的妻子和孩子还没睡醒，我拿了一根绳子来到树林里，在一棵樱桃树下，我想把绳子挂在树枝上，扔了几次也没成功，于是我就爬上树去。正是樱桃成熟的季节，树上挂满了红玛瑙般晶莹饱满的樱桃。我摘了一颗放进嘴里，真甜啊！太阳出来了，万丈金光洒在树林里，涂满金光的树叶在微风中摇摆，满眼细碎的亮点。

我从未发现林子这么美丽。这时有几个上学的小学生来到树下，让我摘樱桃给他们吃。我摇动树枝，看他们欢快地在树下捡樱桃，然后高高兴兴去上学。看着他们的背影远去，我收起绳子回家了。从那以后我再也不想自杀了。生命是一列向着一个叫死亡的终点疾驰的火车，沿途有许多美丽的风景值得我们留恋。

夜幕降临了，巴迪先生披上外套，熄灭了屋内的烟，走进黑暗中。夜色里只看到车灯的一线亮光。然后是无边的、长久的黑暗。

天亮了，远处的城市和近处的村庄开始苏醒，巴迪先生从洞里出来，伸了个懒腰，站在高处远眺。

看到这里我决定认认真真洗把脸，把鞋子擦亮，然后到商场给自己买束鲜花。

后来找那位曾经欲放弃生命的朋友，问他体验死亡的感觉如何。他说一直在昏迷中，没觉着怎么痛苦。倒是出院的那天，看到阳光如此的明媚，外面的世界如此的新鲜，大街上姑娘们穿着红格子裙，真是可爱。长这么大第一次发现世界是这样的美好。

世界还是那个世界，只是感受世界的那颗心不同而已。

患癌的朋友已故了，记得他生前爱吃那种两面焦黄的厚厚的锅盔。每次看到卖饼的推着小车走来，就怅然，若他活着该多好啊！可惜那些吃饼的人，体味不到自己能够吃饼的幸福。

为什么要活？就为了樱桃的甜饼的香。静下心来，认真去体验一颗樱桃的甜，一块饼的香，去享受春花灿烂的刹那，秋月似水的柔情。就这样活下去，把自己生命过程的每一个细节都设计得再精美一些，再纯净一些。不要为了追求目的而忽略过程，其实过程即目的。

放下包袱轻装上阵

在人生道路上，不能一直被包袱压抑，人只有放得下包袱，才能轻装前进。

人生的道路总是充满了曲折与荆棘，在人生道路上前进，一定要放下包袱才能轻装上路，不然总是被许多外在事情所累，那样就会在处理问题的时候，瞻前顾后，就会让你在很多事情上前怕狼后怕虎，最终让你顾虑重重，可能最终也就很难做好事情了。

2500年前，伊索曾讲过这么一个故事：

从前，有个老公公带着孙子，牵着一头驴子，准备进入市场去卖掉。

走了一段路，那位老公公听到有个路人说："这两人，放着驴子不坐，真是傻瓜!"两人听后觉得有点道理。爷孙两人便一起骑上驴背，继续行程。

走不久，又遇到一名路人，那路人指着他们说："这爷孙俩真是没人性，两人压得驴子都要死了。"

听了路人这么一说，那老公公赶忙下来，让孙子一人骑在驴背上，自己牵着驴子步行。

过了许久，经过一间茶楼，茶楼外站着一名妇女。那妇女说道："这是什么时代啊，这个小孩这样不懂事，自己享受，让老人家走路。"

老人听了觉得那名妇女说得很有道理，便吩咐孙子下来，让他坐上去。

走着走着，来到一条热闹的街道，那里有三五个妇女对着他们指指点点："唉，这个老人怎么这样没有爱心，自己享受，让小孩受苦。"

听后，那老人脸红了。

"这也不是，那也不是，到底怎样才是对的呢?"

最后，那爷孙两人向人们要了一条大绳与一根长棍，将驴子四脚绑上抬到市场去了!

这个故事不仅告诉我们，在生活中要有自己的主见，而且在深层次上给我们讲明，人不能一直被包袱压抑，人只有很好地放下包袱，才能轻装前进。一个本来可以驮人的驴子，结果在行进的过程中，反而成了祖孙的包袱，这是何等的悲哀!

尤其值得我们注意的是，有时我们人生道路上的负担或者包袱恰恰是我们感觉最难以割舍的东西，比如是亲情、爱情等等。面对这样的景况，往往理智让位于情感，而最终可能也就得不偿失了。

从前有药材商人来到一个村子，向村民收购灵芝，出价十分高。但此时正值冬季。高山上的温度已经降到了零下几十摄氏度，上山采药十分危险，许多村民都不敢轻易上山。

有父子三人决定冒一次险。因为商贩出的价格实在太诱人。他们登上高山，并且到了冰川地带，但却一无所获。准备回来的时候，山上起了暴风雪，气温骤降，年事已高的父亲被严重冻伤，无法行走了。他倒在冰冷的雪地上，明白自己无论如何也走不下山了。便果断地对两个儿子说：“我不行了，你们快把我的衣服脱下来穿上，设法下山。”

两个儿子不肯丢下父亲，不愿从父亲身上脱下大衣。坚持要背父亲下山。

父亲不断斥责他们这种自杀行为，但却无法阻止他们，他们背着父亲只走了一小段路。就迷失了方向，父亲也昏过去了。

儿子们泪流满面，一声声地喊着：“爸爸”。大儿子脱下身上的大衣盖在父亲身上，试图把父亲救回来。过了许久，父亲已经没有一丝气息，大儿子也被冻伤了。他对弟弟说：“看来我要在这里陪父亲了。小弟，你把我们的衣服脱下来穿上，设法走下山去，家里还有母亲、奶奶在等着我们。”

弟弟悲痛万分，先摸摸父亲，再摸摸哥哥，父亲身体已经僵硬，哥哥身体还有一丝余热，他脱下自己的大衣，盖在哥哥的身上，企图救活他。

第二天，暴风雪过去了，父子三人倒在一块儿，父亲盖着大儿子的大衣，大儿子盖着小儿子的大衣，而小儿子只穿着一件薄薄的棉衣。

村人把他们抬下山来，边走边流泪。

他们说：“什么叫骨肉相连，他们父子三人就是。”

但是有人却惋惜地说：“应该有两个人可以活下来，但他们错过了。”

的确，如果两个儿子穿上父亲的大衣，徒手下山，是可以回到家的，但他们舍不得父亲。

一年后，他们的家人也在痛苦中郁郁而终。

如果当年舍得一个人的生命，就可以保住四个人的生命，但他们在爱的面前，却丧失了必要的理智。有时候，舍得爱，反而是一种博爱，它和爱与不爱的问题无关。

人的一生中，不可避免地会有选择与割舍，不可避免地会有包袱与压力，怎么面对这样的问题，如何处理这样的问题，就是摆在人面前的重大问题。面对艰难，人们一定要会放下包袱，轻装前进，用理性指导生活，用理性来处理人生的问题。

世事无绝对

世事公平与不公平全由你心中的天平所决定。

阅读的好处是启发思想，领悟人生。近日读一篇题为《本分》的文章，对人这个话题又有了一点认识。

人之初，性本善。人刚来到世上的时候，原来全都一样。产房里报出来："母子平安。"人们只问："生啦?！男的？女的?"从来没有问："生了？省长还是市长?"这差别是后来才有的。数十年后，有人当了省长，有人当了市长，有人当了科学家，有人当了警察，有人当了贼，更多的不过也就是"草民"。而在刚生下来的时候，这些未来的"他们"确实都是平等的，大家都不过是一个人而已。如果用树木来比喻人的一生，也确实很贴切。大家都是小树苗的时候，没什么差别。后来，因为树种（天分）、生长环境（家境教育和社会环境）、自然灾害（命理运气）等因素，最终使得树苗生长成了不同的材料，低矮的灌木和高大的乔木；有的乱生滥长而要遭刀砍火烧；有的因形态奇巧而被供养栽培当做盆景，有的成了名贵木材而被制成豪华家具陈设；等等。能成大器的要被人修剪嫁接、去皮拆骨、打磨上漆，诸如此类。最后，或几年、或几十年，或几百年，那些木器古董成了烂木渣子，或者变成了灰烬。原来，结局也都是一样的！人的一生不也是这样么？

无论中间如何飞黄腾达或是浪荡潦倒，大家的起点和终点都一样，中间的这些东西，生带不来，死带不走。

说到底，人的际遇千差万别，"人生无常"其实是很正常的事，何必因为别人有了自己没有，或者自己碰上了别人没碰上而愤懑不平呢，世事又何尝有过真正的公平呢？

不是每一粒种子都能发芽，但人们还是真诚的将每一粒都种下；不是每一棵芽苗都能结出丰硕的果实，但人们还是将一棵芽苗都辛勤地培育……有的付出却得不到收获，你会觉得这样很不公平。其实世界上真的没有什么事情是绝对公平的，也更没有什么事是绝对不公平的。世事公平与不公平全由你心中的天平所决定。

这世上的事物是相对的，而不是绝对的，真正绝对的事物是不存在的。人们所说的某些绝对事物那是局限在一定范围之内的。对于世上的某些不公平现象我们应欣然接受，而不能愤世嫉俗地加以指责。若只知道愤世嫉俗地指责，则只能被这竞争激烈的社会所淘汰。只有适应其不公平，才能认识其公平，创造其公平，最后驾驭其公平。不公平往往是只看到不公平而看不到公平的人造成的，陷在不公平的小圈子中的人，看到的尽是不公平，所以他们往往也以一种不公平的态度为人处世。相反眼中能看到公平的人并不是看不到不公平，只是他把不公平看成一种自然现象加以看待，就像看美玉上的瑕点。因为他们真正注意的是公平，所以他们能以公平的态度为人处世。公平与不公平如鲜花与绿叶，美玉与瑕点……相辅相成，不可分割，共同影响着我们的这个世界。

所谓世事无绝对，人世间的事没有一样是绝对的，只能说世事都是时间、地点、环境、对象等的函数罢了。还是以平常心态去享受平淡生活吧，世上的事只要发生了，都有它的理由，因此都是正常的，完全不必动气劳神，这就是平常心态；生活环境、标准与社会上绝大部分的人一般，既不会“视钱财如粪土”地挥霍无度，也不必“为五毛钱而折腰”地穷困潦倒，这就是平淡的生活；欣赏身边的一切，“得快乐时且快乐”，这便是享受。人生的享受源于生活而又不囿于生活，真能这么过日子了，试问自己的人生有哪一点比社会上那些呼风唤雨的成功人士吃亏呢？

人的原本一样，结局一般。中间的所谓人生就算千姿百态，你也占据其一，公平得很哩！在现实生活中，我们要以唯物主义的发展观点来看待公平与不公平，做个积极进取、驾驭公平的人。

活出人生价值

一个人凡是直接或间接地推动过历史的前进，为历史进步做出过贡献，无论是大名鼎鼎还是无名小卒，其人生都是有价值的。有的阻碍历史前进，那就是负价值。如秦桧陷害忠良，祸国殃民，被人们铸成铁像，跪在杭州岳飞坟前，受万人唾骂，就是很好的实例。人的价值标准还具有绝对性和相对性。

德国唯心主义哲学家黑格尔也指出："个人的价值就在于代表民族精神，参与创造。"

美国大发明家爱迪生也说："只有经过艰苦辛勤的劳动才会得到世界上具有真正价值的东西。"

这些历史人物都试图从永恒的、最终的意义上去寻求价值评判的标准，虽然其中往往多少掺杂一些不科学的，甚至是唯心主义的成分，但都给后人或多或少的启示，都包括一定科学合理的成分。

所谓相对性，是指对人生价值的评价标准是随着社会和历史时期的不同而发生变动的。对具体到每一个人或某一历史事件作评价时要全面地、具体地去看。"江山代有才人出，各领风骚数百年。""长江后浪推前浪，一代新人换旧人。"不同的时代有不同的英雄人物、不同时代又有各自相对独立的评价标准，反映了不同时代、不同社会的价值取向，用一个模式去套用是行不通的。邓小平同志说："不讲多劳多得，不重视物质利益，对少数先进分子可以，对广大群众不行。"我们的政策是以共同富裕为前提，鼓励一部分人通过诚实劳动和合法经营先富起来，这种"先富"的价值取向，在当代应得到充分肯定。同样是鲜花，紫罗兰和月季散发出不同的芳香，很难说哪种香更有价值，不同的人会有不同的感觉。同理，很难说炮兵与装甲兵何者在战争中更有价值，也很难说演员、思想政治工作者、运动员何者在精神文明建设中更有价值、贡献更大些。

鲁迅先生把我国第一部通史《史记》誉为"史家之绝唱，无韵之离骚"，在历史上和文学上都具有很高的价值，同时它也体现了作者司马迁的价值，但在当时他并没有得到任何荣誉和报酬。在现代化建设的各行各业中有很多工人、农民、教师担负着大量的社会工作，他们的人生价值就在对人民对社会默默无闻的奉献之中。

步入青春时代的青年，胸怀大志，谁不希望青春有所作为，谁不向往人生熠熠闪光，活出人生价值来！人生价值是流行的字眼，对它的看法也各有千秋。我们说只要你付出努力，做出贡献，就是实现了人生价值。

正确认识自己也客观地评价别人，树立正确的人生起点，端正人生态度。既壮志凌云，也脚踏实地，既目标远大，也善于把握点点滴滴的小事。

如果你不能成为山顶的一株松
就做一丛小树生长在山谷中
但必须是溪边最好的一小丛
假如你不能成为一棵大树，就做灌木一丛
假如你不能成为灌木一丛，就做一片草绿
让公路也有几分欢娱
假如你不能成为一只麝香鹿，就做一条鱼
但必须做湖里最好的一条鱼
我们不能都做船长，必须有人做海员
世上的事情，多得做不完
工作有大的，也有小的
我们该做的工作，就在你的手边
假如你不能做一条公路，就做一条小径
假如你不能做太阳，就做一颗星星
不能凭大小来断定你的输赢
不管你做什么都要做最好的一名

我能做到

世上的事没有不可能的，只要你在意识中告诉自己“我能做到”，那么经过你的努力，就会得以证实，你的确能。对于变不可能为可能，美国的拿破仑·希尔曾经用过一种奇特方法。

拿破仑·希尔在年轻的时候曾有做一位作家的雄心。要达到这个目标，他知道自己必须精于遣词造句，字词将是他的工具。但由于他小时候家里很穷，没有受过良好的教育，因此，“善意的朋友”就忠告他，说他的雄心是“不可能”实现的。

年轻的希尔没有接受朋友的忠告，并存钱买了一本最好的、最漂亮的字典，他所需要的字都在这本字典里面，而他的目标是完全了解和掌握这些字。但是他做了一件奇特的事，他找到“不可能”（impossible）这个词，用小剪刀把它剪下来，然后丢掉，于是他有了一本没有“不可能”的字典。以后他把他整个的事业建立在这个前提下：对一个要成长而且要成长得超过别人的人来说，没有任何事情是不可能。

将不可能变成可能的例子不只拿破仑·希尔一人，著名橄榄球星汤姆·邓普西就是另一个例子。

汤姆·邓普西生下来的时候，只有半只脚和一只畸形的右手。父母从来不让他因为自己的残疾而感到不安。结果是任何男孩能做的事他也能完成，如果别人训练走完10里，汤姆也同样走完10里。

后来，他发现自己踢橄榄球时比任何一个男孩子踢的都远。他要人为他专门设计一只鞋子，参加了踢球测验，并且得到了球队的一份合约。

但是教练却婉转地拒绝他，说他“不具有做职业橄榄球员的条件”。最后他申请加入新奥尔良圣徒球队，并且请求给他一次机会。教练虽然心存怀疑，但是看到这个男孩这么自信，对他有了好感，所以就成全了他。

两周之后，教练对他的好感更加深刻。因为他在一次友谊赛中踢出55码远得分，这使他获得了专为圣徒队踢球的工作，而且在那一季中为他的队踢得了99分。

接着到了最伟大的时刻，球场上坐满了6．6万名球迷。球是在28码线上，比赛只剩下了几秒钟，球队把球推进到45码线上，但是根本就没有时间了。“邓普西，进场踢球。”教练大声说。

当汤姆进场的时候，他知道他的队距离得分线有55码远，由巴尔的摩雄马队毕特·瑞奇踢出来的。

球传接得很好，邓普西用尽全身力气踢在球身上，球笔直地前进。但是踢得够远吗？6．6万名球迷几乎同时停止了呼吸，接着终端得分线上的裁判举起了双手，表示得了3分，球在球门横杆之上几英寸的地方越过，由于这个球汤姆所在队以19比17获胜。球迷狂呼乱叫，为踢得最远的一球而欢呼，这是只有半只脚和一只畸形手的球员踢出来的！

“真是难以相信。”有人大声叫，但是邓普西始终只是微笑。他想起他的父母，他们一直告诉他的是他能做什么，而不是他不能做什么。他之所以能够创造这么了不起的记录，正如他自己说的："他们从来没有告诉我，我有什么不能做的。"

这两个故事都启示我们，世界上没有什么事情是不可能的，只要你在意识中告诉自己"我能做到"，那么经过你的努力，就会得以证实，你的确能做到。

抖擞泥土走出枯井

一头驴子不小心掉到一口井里，它哀怜地叫喊求救，期待主人把它救出去。驴子的主人召集了数位亲邻出谋划策，但是想不出好的办法搭救驴子，大家倒是认定，反正驴子已经老了，"人道毁灭"也不为过，况且这口枯井迟早也要填上的。

于是，人们拿起铲子开始填井。当第一铲泥土落到枯井中时，驴子却叫得更恐怖了——它显然明白了主人的意图。

又一铲泥土落到枯井中，驴子出乎意料地安静了。人们发现，此后每一铲泥土打在它背上的时候，驴子都做一件令人惊奇的事情：他努力抖擞背上的泥土，踩在脚下，把自己垫高一点。

人们不断地把泥土往枯井里铲，驴子也就不停地抖擞那些打在背上的泥土，使自己再升高一点。就这样，驴子慢慢地升到枯井口，在旁人惊奇的目光中，潇潇洒洒、溜溜达达地走出枯井。

假如你现在就身处枯井中，求救的哀鸣也许换来的只是埋葬你的泥土。可驴子教会了我们，走出绝境的秘诀便是拼命抖擞打在背上的泥土，那么本来埋葬你的泥土便可成为自救的台阶。

以上所说不算新概念，值得一提的是驴子走出枯井的那一刹那：依然可以溜溜达达、潇潇洒洒。

无论绝望与死亡如何惊天动地，走出枯井原来就这么简单。

如果抖擞泥土走出枯井是一种求生的本能的话，那么，潇潇洒洒、溜溜达达便是走出枯井的境界，是现代人生活的一种值得探讨和推崇的理念。

动物能够在绝境中垒高自己，摆脱困境，那么，人在垒高了自己以后就会创造奇迹。

一个皮革商喜欢钓鱼，他经常去的地方是纽芬兰渔场。有一年冬天的一个早晨，皮革商又来到了这个渔场。也许是因为头天晚上下了雪，那天天气很冷，飕飕的风刮在脸上像刀割一样。皮革商费了很大的力气才在结了冰的海上凿了个洞，然后开始钓鱼。他看到一个很有意思的现象：钓的鱼一放到冰上很快就冻得硬邦邦的，而且只要冰不融化，鱼过个三五天也不会变味。难道事物结了冰就可以保鲜？皮革商这样问自己。他开始了试验。经过多次探索，他发现不仅鱼类在冰冻的条件下可以保鲜，其他食品，比如牛肉、蔬菜都可以这样做。他决定制造出一台能让食品速冻的机器。成功的路是很艰难的，在研制速冻机的过程中，皮革商吃尽了苦头，但他从不气馁。通过反复的试验，不断地总结，皮革商终于成功了。他向国家申请了专利，并且以3000万美元的天价把这项技术卖给了美国通用食品公司。他就是世界上第一代冰箱的发明者——美国人巴尔卡。

巴尔卡是一个懂得怎样垒高自己的人，这垒高就表现在他具备了一种发现的目光，表现在他具有成功的毅力和能力。收获是播种的孪生兄弟，巴尔卡就是经过自己不懈的奋斗，终于实现了自己的梦想。

把自己垒高，实际上就是说人要站得高些，站得高了，不但能有幸早些领略到希望的曙光，还能有幸发现生命的立体的诗篇。每一个人的人生，都是这诗篇中的一个词、一个句子或者一个标点。你可能没有成为一个美丽的词，一个引人注目的句子，一个惊叹号，但你依然是这生命的立体诗篇中的一个音节、一个停顿、一个必不可少的组成部分。这足以使你放弃前嫌，萌生为人类孕育新的歌声的兴致，为世界带来更多的诗意。

最可怕的人生见解，是把多维的生存图景看成平面。因为，那平面上刻下的大多是凝固了的历史——过去的遗迹。人生不能像某些鱼类躺着游，人生也不能像某些兽类爬着走，而应该站着向前行，这才是人类应有的生存姿态。

当把自己垒高时，就还原了世界与人生的多维生存结构的真面目，自己也就不会因为那幅被自己心理扭曲造成的虚幻现实所淹没。

生命像条蜿蜒的河流

生命的过程就像一条蜿蜒的河流，既有平缓的粼粼波光，也有湍急的弯道，还有胆战心惊的落差。然而，不管在那种情况下，它都从不停下前进的脚步，总是向着前方流去，在它历经的每一处都表现了自己最美的独特的身影，在匆匆前行的每一瞬间都蕴含了动人心弦的故事。

一只名叫威伯的小猪和一只叫夏洛的蜘蛛成了朋友。

小猪未来的命运是成为圣诞节时的盘中大餐，这个悲凉的结果让威伯心惊胆战。它也曾尝试过逃跑，但它毕竟只是一只猪。

看似渺小的夏洛却说：我来帮你。

于是夏洛用它的网在猪棚中织出了“好猪”、“查克曼的名猪”等字样。那些在人类眼中被视为奇迹的网字让威伯的命运整个逆转，终于得到了名猪大赛的头奖和一个安享天命的未来。

但就在这时，蜘蛛夏洛的生命却走到了尽头……

这是一个善良的弱者之间相互扶持的故事，除了爱、友谊之外，这篇极抒情的童话里，还有一份对生命本身的赞美与眷恋。

其中有一段对话是非常富有诗意的：

“你为什么替我做这些小事呢?”威伯问，“我真不配，我从来没为你做过什么事。”

“你是我的朋友，”夏洛回答，“友谊本身就是件了不起的东西。我替你织网，因为我喜欢你。生命本身究竟算什么呢？我们生下来，活一阵子，然后去世。一个蜘蛛一生织网捕食，生活未免有点不雅。通过帮助你，也使我的生活变得高尚些。天知道，任何人的生活都能增加一点意义。”

“哦，”威伯说，“我不会演说，我没有你的说话天才，可是你救了我，夏洛，我也情愿为你牺牲性命——真的情愿。”

“我相信你，也感谢你的慷慨情谊。”

一个人的成功好像攀登高山，一步步向前、向上，没有休止。但在攀登的过程中，必定经过无数的崎岖险阻，有时荆棘满途，寸步难行；有时想升高反而降到谷底。在经过难行的山径时，还常常会滑倒或损伤。艰难困苦一重又一重地摆在眼前，究竟我们怎样去应付呢？

英语中有个谚语说："人生的光荣，不在于永不失败，而在于能屡仆屡起。"

1914 年 12 月 9 日晚上，西橘城规模庞大的爱迪生工厂遭大火，工厂几乎全毁了。那一晚，老爱迪生损失了 200 万美元，他许多精心的研究也付之一炬。更令人伤痛的是，他的工厂保险投资很少，每一块钱只保了一角钱。

查尔斯·爱迪生当时 24 岁，他的父亲已经 67 岁。当小爱迪生紧张地跑来跑去找他的父亲时，他发现父亲就站在火场附近，火光映得他满面通红，一头白发在寒风中飘扬。查尔斯后来说："当时我的心情很悲痛，因为他已经不再年轻，所有的心血却毁于一旦。"可是当老爱迪生看到儿子时却大叫："查尔斯，你妈呢？"儿子说："我不知道。"他又在叫："快去找找，立刻找她来，她这一生不可能再看到这种场面了。"

隔天一早，老爱迪生走过火场，看着所有的希望和梦想毁于一旦，说："这场火灾绝对有价值。我们所有的过错都随着火灾而毁灭了。感谢上帝，我们可以从头做起。"三周后，也就是那场大火之后的 21 天，他制造了世界上的第一部留声机。

不要假如的人生观

我们常听许多朋友说："假如我有百万家财（假如我有博士学位，假如我是政府要员……）我便会去做……"他们说起话来道理一大篇，十分动听。这"假如"的人生观，不过是一种愿望，望梅止渴的幻想而已。

一个成功者，绝不会有一个假如的人生观，而是一个怎样去实现的人生观，他的出发点不是立足在"假如"上，而是"怎样"上。究竟怎样才能做到百万富翁？用什么方法？怎样经营？如何去发展自己的力量以获取巨大的财富？这样的方法，不是追忆即往，忧虑将来，或是现在迟疑不决，而是实在地把握目前的时间、机会，集中精力去做。这是创造型思维，而不是耽于幻想，每日为无谓的忧虑而荒废时光。

1. 欲望

我们的欲望越大，活动力也就随之愈强。有大欲望的人便成为大人物，有小欲望的人就成为小人物。我们想事业成功，不妨把欲望提高些，然后尽量发挥这大欲望。古语云："取法乎上，仅得其中；取法乎中，仅得其下。"倘使我们的目标定得低，成就便自然低下。所以，只要不是那种空中楼阁的幻想，就应当让自己拥有最大的欲望。

谈到欲望时，并非在讲一种盲目的、混沌的、无理智的感觉，而是自己生命内在的呼唤，是那个强烈的要成为自己的呼唤。一个身无分文的乞丐，在社会文化传统的标准下，很难产生当总统、当总裁的欲望，但这却未必真的不能实现。所以我们还要认真地了解自己的欲望，在摆脱了所有的后天束缚情况下，看看自己内心真正的欲望是什么，然后选择自己最想要的那个欲望。这样的欲望不仅是自己最大的欲望，而且具有最强的行动能力，是最有希望变为现实的欲望。

在选定了欲望之后，就必须有强烈的行动意志做后盾，有持久性的支持，这样才能获取成功。若欲望只不过是五分钟的热度，一时发挥耗尽，没有持久性的意志，就难以让欲望化为现实，欲望也就只能停留在空想之中。因此，我们要有最大的欲望，还要加上不懈的努力，然后才可以品尝到成功的美酒。

2. 挑战等待

你要创业或有所建树，最好从今日立刻开始，你能及时去做，相信到明年此时，你便会感到成就比现在更多。倘使还是在等待着，你便错过了很多机会。在商业或其他事业上成功的人，都具有将所有应做的事情敏捷地马上做妥的作风，这是他们的特有性格，也是成功性格的一个重要特征。看准了机会，他们从不等待，总是立即投入行动，从没有等上几天或几个星期然后去做的可能。他们认知时间的宝贵，能够善用它，使自己的工作更有效率和科学化。

等待不能改变任何东西，只能错过机会，空耗精力和时间。

等待不同于耐心，耐心是在积极行动中准备机遇的到来，机遇一到，便有能力把握它，使自己的事业走向辉煌；等待则是丧失了行动的能力，把命运的舵交给了肆虐的风暴，结果一定是彻底的毁灭。

所以，不要等待，让自己的生命之舟牢牢地掌握在自己手中，相信“天生我才必有用”，坚定地驶向自己的彼岸。

3. 机不可失

著名的政治家狄斯累利说：“成功的秘诀，在于随时随地把握时机。”在我们人生的过程中，常会有偶然碰到的机会，我们需要随时准备迎接它，不要错失良机。好像一个优秀的篮球运动员，一有机会球传到他的手里，他就能利用他的才能和技巧，迅速地把球投进篮筐里去。如果准备不足，或者犹豫不决，没有把握住这个机会，成功也就溜走了。

比方一个投资家，他常注意着机会的来临，不是随波逐流，人云亦云。在熟知市场的需要和货物价格起伏规律的前提下，他会在货物价格降低的时候，把它买入，等到市场需要时，也就是那批货物接近它的高价时，把握时机，及时抛售，从不错过机会。英语谚语说：“不要认为机会还会第二次敲你的大门。”每一个机会只敲一次门，我们必须听得到这次敲门，并且就等待在门边。以便能够及时打开门，而不让机会在自己的门前溜走。

4. 金钱和水

从某种意义上说，金钱是万能的，它几乎能购买人类社会中的所有物质东西。但细心来探讨一下，金钱所能买到的物质或享受又是极其有限的。金钱不能满足人生的一切，尤其是人作为人的精神和灵性生活，充其量，它只是无数工具中的一个，既不是唯一的，也不是必不可少的。

在我们日常生活中，除了物质享受外，金钱买不到真正的爱情、友谊、生命以及内心的愉快和心灵的满足，而后者这种精神生活才是快乐的源泉。没有精神的快乐，任何物质本身都不能给人带来满足和快乐。有些人不这么看，以为金钱是万能的。但当他们处心积虑千方百计获得金钱后，却招来了很多烦恼，积聚越多，负担越重。然后，才恍然大悟，认识到金钱并非是万能的。但往往这些人是在自己几乎耗费了整个人生后才意识到这一点，回天无力，只能带着遗憾和用全部生命换来的教训撒手人寰。实际上，当人把金钱看做万能时，无形之中也使自己变成了金钱的奴隶。原本希望有钱后可买到更多的自由，却在一开始就又把自己卖身到金钱的奴役中，所以无论怎样努力，都不能改变为奴的身份和地位，到头来也就根本没有内心的愉快。

凡是用金钱买得到的东西，都是平凡而容易获得的，唯独金钱买不到的东西，才是珍贵而有价值的。以下所列的是笔者认为真正有价值而金钱买不列的东西：

（1）健康的生命；

（2）真正的爱情；

（3）纯洁的友谊；

（4）内心的平安；

（5）家庭的幸福；

（6）智慧聪明；

（7）身心愉快；

（8）满足；

（9）……

所以，金钱的力量是相当有限的。当我们缺乏它的时候，更觉得它重要，但当需要达到满足时，如衣食住行的问题解决后，金钱的威力就愈来愈小了。比如，水是我们最重要的东西，当我们急切需要的时候，如甘露般的珍贵，在沙漠里的水比黄金还有价值，所谓渴时一滴如甘露。可是一旦水源充足，满足了对水的基本需求时，那么，我们对水的需求便不觉得迫切了。因为，人的身体对水的需求是个一定的量，并非无限的需求。人对金钱的需求也是如此，我们并不需要无限多的金钱，那种所谓的对金钱的无限需求，只是人的精神无限需求的一种错位而已。

5. 瑞士人富而不奢

瑞士，堪称世界上的“首富”。这个国家的人均年收入高达 3 万多美元，名列欧洲第一，生活水平则居世界前列，失业率仅为 3%，通货膨胀率为 4%。每千人拥有电冰箱 640 台、电视机 410 部、汽车 480 辆。可是在如此富有的国度里，人们却从来不大手大脚，素以节俭闻名于世。瑞士人常说：“我们没有资源，有的只是一双勤劳的手。”既然是靠一双手挣来的财富，就没有理由不好好珍惜，这就是瑞士人的普遍观点。他们所形成的注重实用、不讲求奢华的消费意识，反映在他们生活的方方面面。

瑞士的汽车普及率很高，平均每两个人就有一辆。按理说，对富有的瑞士人来讲，买辆豪华的“奔驰”牌或气派的“林肯”牌高级轿车不会有什么问题。然而，瑞士的公路上行驶的大多是“丰田”、“雪铁龙”、“大众”等普及型汽车，以及一些叫不出名字的甲壳虫车。

瑞士被誉为“手表王国”，所产的“劳力士”、“梅花”、“英纳格”、“雷达”和“欧米伽”等品牌手表名扬全球。以瑞士人的收入，花上几千元买块“劳力士”应该只是笔很小的开支。但瑞士人大都戴普通手表，有的年轻人甚至戴的是连穷国的人们早就不愿意戴的塑料电子表。

在瑞士，即使百万、亿万富翁，也只有银行和税务局知道，没有人为显示有钱而斗富摆阔。拥有亿万家产的，很可能就是一位身着普通服装在超市里挑选价廉物美商品的人。

精打细算、节约光荣已在瑞士成为一条不成文的规定，为国民所遵照执行。那里的餐厅不允许顾客浪费，要求吃多少买多少，并对于浪费者，处以罚款。一些初来乍到的外国人常因吃不完所购食物而被罚得十分尴尬。瑞士一家大公司举办一次高层次国际学术交流会，购买往返机票挑最便宜的航班，选择租金低廉、交通便利且能够代办午餐的旅馆作为会场。与会者根本不要奢望主办者举行盛大的招待会，能够发给一支铅笔、一个笔记本、提供一杯咖啡就十分不错了。

由于瑞士能源储量贫乏，因此政府非常重视研究和宣传各种各样的节能方法。一些报刊告诉读者用大锅烧开水比用小锅省能源；教人们用节能法煮鸡蛋，即先在深平锅里盛好1厘米的冷水，然后把鸡蛋放入，水一沸腾，立即关掉电闸，鸡蛋在锅里持续一定时间，就可以煮熟，与传统方法相比，新方法可以节省一半的电能。如果按照每个瑞士人一星期煮一次鸡蛋计算，采用新方法使全国一年节省的电能，足以满足一个3000人的城镇的全年用电。

瑞士人还很重视废旧物品的回收利用。城镇居民在清理垃圾时，总是把玻璃瓶、罐、塑料制品、旧报纸和无利用价值的脏物分开，然后分别倒入指定的5类垃圾箱中，以便回收和处理。由于长期坚持这种做法，取得了显著的经济效益，为国家节省了大量的资金。

瑞士人富而不奢，堪称节俭“楷模”。他们的消费观念和做法，值得世界上所有民族借鉴，更值得我们这个以摆阔显富、用物质作为衡量人的价值的民族好好学习。

志存高远

人不立志，则一无所成。

可是很多人会继续问道："那么，我的人生当中应该做些什么才好呢?"这个问题很让人纳闷，因为，自己的一生应如何规划设计是要由自己去决定、去专心致志地追求和把握的，任何另外一个人都没有办法替代自己去做这件事情，即便是人们为此编写了那么多的书籍，写了那么多的文章，而最终还是要由我们自己为自己的人生做出选择，并且品尝由自己的选择所带来的一切。正是这样一个基础上，我们才有可能来探讨如何立志的问题，不是给出一劳永逸的简单药方，而是激发出自我立志的激情和勇气。

如何利用这人生短暂的岁月来实现自我呢?

无论多么卑微的人，在他的内心深处都会有一个渴望成功不甘失败的愿望，这就是每个人都有成功的可能依据。英语谚语说："有意志的人一定能找寻出方法。"中国古语说："有志者事竟成。"这个坚决成功的愿望，如旭日初升之光芒，似长江大川之澎湃，是鼓动我们向着成功奋进的内在动力源泉。若是心存畏缩怯懦的观念，便缺失了自信力和大无畏的精神，做起事来也就更没有劲了。我们每做一事，首先就是要有一种愿望，它好像一粒种子，起初是细小的，然而没有它就决不能结出未来的累累果实。

第二步就是人的意志，是一种绝不放弃的意志，它是走向成功的推动力。我们将愿望的种子种在地上，若没有意志行动的持之以恒，愿望就决不能产生任何成就，到头来只是一场白日梦而已。所以除了愿望以外，必须加上行动的意志，用阳光雨露和土壤加工栽培我们愿望的种子，让它逐渐发芽，展枝生叶，开花结果，直到长大收获。

前德国总理艾得诺是一位德高望重的政治家，他说："如何才能成为一位伟大的政治家呢？第一，他要有清晰的概念，自己能胜任的是什么责任?

第二，他清楚地知晓他所需要的是什么？第三，有令人佩服的力量，那是一种道德能力，使工作能顺利成功。”

看看历史上成功的政治家，如华盛顿、林肯、威尔逊、丘吉尔等等，他们都是具有这三个条件的人。他们具有崇高的理想，敢作敢为，充满不成功誓不罢休的勇气，没有被惰性、纷乱、恐惧、消沉、失败所困扰。

这就是说，要想做一名成功的人物，首先要立志，就是清楚地知道自己能做得到的是什么，所需要的是什么，然后坚定地把自己的志向贯彻到底。

“金利来领带，男人的世界”，这是一条家喻户晓的广告，但是却很少有人知道他的创始人曾宪梓故事，很少知道他走过的那条童年艰辛、少年求知、青年奋斗的历程。他只身到香港，凭着自己坚强的意志，经过了三十年的拼搏，才缔造出了不同凡响的金利来王国。

出生在贫苦家庭的曾宪梓，四岁时父亲去世，靠母亲一个人拉扯着他和哥哥半饥半饱地度过他们含辛茹苦的岁月。在曾宪梓的一生当中，有过三个最为失意、最感到前途渺茫、又找不到出路的时期：第一次是在1955年的秋天，那时高考落榜的曾宪梓完全不知道接下来的路是在何方，面对学校的批评、母亲的责备、自己的痛心，那种渺茫感，那种看不见天日的灰暗，沉甸甸地压在他年轻的心上。第二次是在1963年夏天，曾宪梓来到香港之后，在去泰国等待签证的九个月里，备尝寄人篱下的艰辛，堂堂的男子汉、大学生，却出于无奈不得不做帮亲戚带小孩的家务活，那种彷徨的心情，四顾茫然的感觉终日笼罩着他、折磨着他。第三次是1967年初夏，曾宪梓一家五口寄居在哥哥家里的时候，由于各种原因，关系处得十分紧张，被哥哥无情地赶出了家门。然而，就是在这一次的重压之下，他选择了自己当老板做领带的生意。他对眼泪涟涟的妻子说：“立群，没关系，饿不死我们。我们干脆不给任何人打工，自己从头来做。对，就做领带，现在从采购到制作到卖出，我都会。”在他的心中，最强烈的不是对命运对人的憎恨，也不是消沉和感叹，而是一遍又一遍地站起来的呼喊，他告诫自己：曾宪梓，你不怕穷，什么苦你没吃过，没什么大不了的，你千万不要绝望。不怕，你什么也不怕。

他以很低的价格变卖了他的所有财产：一只普通手表，一部普通照相机。又向老家的乡亲借了台胜利牌缝纫机，从此开始了他独立制作领带的生涯。他们一家夜以继日、日以继夜地拼命工作着，既顾不上对命运的抱怨，也忘记了疲劳，一条条的领带就这样在他们手中做了出来。

领带做出来了，外出推销工作却不如想象中那样顺利。曾宪梓从出门推销的第一天，就开始备尝人世间的酸、甜、苦、辣，忍受了各种各样的冷嘲热讽，他不得不吞咽下所有的屈辱，低下最不愿低下的高傲头颅。每当遇到这样的情况，他就拼命地告诫自己："这就是生活对曾宪梓的挑战，你如果连这种苦都吃不了，那还谈什么理想、创业呢?"他不相信在这拥有五百余万人口的香港，居然没有属于自己的领带市场。他探索着，尝试着，终于敲开了大百货公司紧闭的大门，使这个无情的市场承认了他的产品。

从1968年一穷二白的开始创业，在不到四年的时间里，曾宪梓凭着自己的坚强的意志，凭着自己的"勤、俭、诚、信"的经商原则，凭着自己超前卓越的广告意识，凭着自己不可多得的商业智慧，一点一滴地赚取了超过一百多万港元的巨额财富。

金利来是一个奇迹，曾宪梓是一个传奇，曾宪梓和金利来所给予我们最多的则是人生立志和成功的启示。

开拓梦想创造辉煌

希望富裕的人们，必须知道我们生活的这个世界不是静止的而是变化的。应该认识到以下事实：一个又一个新的领先者相继出现，一项又一项新发明层出不穷，新的教育方法不断被创立，新的市场一个个被开拓，还有新的书籍、新的文学、新的电视节目、新的电影等都在不停地产生出来。这无穷的变化的能量，就是"燃烧着的希望"。

假如希望在这个不断变化的世界中得到成功，那么就千万不要被那些说我们的愿望是"空想"的羁绊所动摇。发扬先辈们的开拓精神吧！不要忘记，正是他们的开拓梦想，创造了现代这么多有价值的文明；正是他们敢于梦想，人类的历史才有了今天的辉煌。

播在大地里的种子，会从土地和大气中吸收未来植物或树木成长所必需的要素。播在人类创造的心中的思考种子，也会引导我们历经必要的程序，以达到内心所描绘的目标。

1968 年的春天，萝伯·舒乐博士想在加州用玻璃建造一座水晶大教堂，他向著名的设计师菲力普·强生表达了自己的构想："我要的不是一座普通的教堂，我要在人间建造一座伊甸园。"

强生问他预算，舒乐博士坚定而明确地说："我现在一分钱也没有，所以，100 万美元与 400 万美元的预算对我来说没有区别，重要的是这座教堂本身要具有足够的魅力来吸引捐款。"

教堂最终的预算为 700 万美元。700 万美元对当时的舒乐来说是一个不仅超出能力范围而且也超出了理解范围的数字。

当天夜里，舒乐博士拿出一页白纸，在最上面写上"700 万美元"，然后又写下 10 行字：

1. 寻找 1 笔 700 万美元的捐款
2. 寻找 7 笔 100 万美元的捐款
3. 寻找 14 笔 50 万美元的捐款
4. 寻找 28 笔 25 万美元的捐款
5. 寻找 70 笔 10 万美元的捐款
6. 寻找 100 笔 7 万美元的捐款
7. 寻找 140 笔 5 万美元的捐款
8. 寻找 280 笔 25000 美元的捐款
9. 寻找 700 笔 1 万美元的捐款
10. 卖掉 10000 扇窗，每扇 700 美元。

60 天后，舒乐博士用水晶大教堂奇特而美妙的模型打动富商约翰·可林捐出了第一笔 100 万美元。

第 65 天，一位倾听了舒乐博士演讲的农民夫妇，捐出了第二笔 1000 美元。

90 天时，一位被舒乐孜孜以求精神所感动的陌生人，在生日的当天寄给舒乐博士一张 100 万美元的银行支票。

8 个月后，一名捐款者对舒乐博士说："如果你的诚意和努力能筹到

600万元，剩下的100万元由我来支付。”

第二年，舒乐博士以每扇窗户500美元的价格请求美国人认购水晶大教堂的窗户，付款的方法为每月50美元，10个月分期付清。6个月内，一万多扇窗户全部售出。

1980年9月，历时12年，可容纳一万人的水晶大教堂竣工，成为世界建筑史上的奇迹，也成为世界各地前往加州的人必去瞻仰的胜景。

水晶大教堂最终的造价为2000万美元，全部是舒乐博士一点一滴筹集而来的。

一位邮递员的故事同样说明了梦想是会生息的，你完全可以成为你所想成为的人：

他曾做了多年的邮差，日复一日地拖着沉重的邮袋，无论酷暑严寒，风雨无阻地穿梭在大街小巷，这的确是一项非常辛苦的工作。

在他的“管辖范围”中，有一家邮购商店每天都会收到一大堆邮件，而且，其中大部分都是用现金购物。某天，他扪心自问，“我如此辛苦地为大家送邮件，为什么无法自己做生意，让邮差将重要的信件送到我的手中？”前思后想，他终于意识到这是因为自己从来没有想到过自己要当老板。自此之后，他开始每天学习、准备，下决心要自己开公司。如今，他不但有了自己的公司，而且公司渐渐成长，有了自己稳定的市场。这位男士过去一直认为自己是邮差，所以，就一直过着邮差的生活，但当他希望自己成为另一个角色时，这个全新的角色就开始反映在他的生活中了。

不是每一个人都想要建一座水晶大教堂，也不是每个人都想当老板，但是每个人都有自己的梦想，也都可以设计自己的梦想。一位十几岁的孩子，在一个下午写下了自己的一百个愿望，在他七十多岁时，他实现了九十七个。

一位作家讲述了自己的梦想生息的故事：

这些年来，每一年我都要求自己做一件新鲜事，因为我不喜欢自己的生命如停止的死水一样渐渐腐臭，也不希望哪一天老朽学不了新把戏这句名言不知不觉地落在我身上。

我也还记得少年时代作读书笔记时所曾抄录过的一句狠毒却也一针见血的话：很多人过了二十岁就死了，只剩下躯壳还活着。我不想加入到行尸走肉之中。

有好些年，写作是我的唯一，我把自己写得苍白虚弱，腰酸背痛，未老先衰，还写歪了颈椎，饱受天雨欲来时全身都当警报器之苦。有一天痛得受不了，我忽然悟到，如果我只重写作，轻视真正的生活，那么，我不过像一个在服食迷幻药已脱离真实生活的家伙，我所拥有的人生不过是一株枝叶繁茂的假树。

于是我一边作康复治疗，一边为自己找新的途径去恢复失去了平衡的生活。1996年我莫名其妙地主持起电视节目；1997年，我成为广播主持人；1998年，我开始学陶艺；千禧年，我发现海底世界的魅力；2001年我给自己确定新的尝试项目，第一项，就是演舞台剧。

演舞台剧可从不在我的少年梦想之内，我从来没有表演的欲望或天才。三年前，我上过绿光剧团的表演班，只不过想去玩玩，看看能不能去除我在电视荧屏前的羞涩感。天知道，我其实是个内向的人，我习惯于独处，要花很多时间才能在大众面前去除我的不自在。

上完三个月一期的表演班，发现自己也还可以跟原本陌生的一大群人彼此混得很开心，也学会了怎样用丹田之气说话才不至于让嗓子哑掉。没想到过了三年，我的表演班老师当了剧团经理，忽然打了电话给我："喂，吴念真导演要为我们导新剧，来演个角色好吗？"

只要听起来很好玩就会轻易答应别人，这是我至今未改的毛病。我当下就说："好啊。"一句话，我竟开始了自己演舞台剧的历史。

第一次参加排戏时，离演出不到两个月，我的角色是演中学美少女黄韵玲的妈妈，而且还是一个精神不太正常的老太太。这简直是太难为我了！

然而既已开始，退出实在有失面子，于是决定先排排看看，如果无法胜任，再找个理由推掉！我这么盘算着。

果然，一开始排戏我就碰上了内在的自我难题，心里头那只叫做闭塞内向的虫子又钻出来肆虐了。眼看那些年轻演员，都十分放得开，排什么就像什么，我却像个木头人，简直忍受不了自己的拙和笨。

和他们对戏时，我怕慢半拍。演武打戏时，我打的又不痛不痒。其中有一幕戏，我得像个疯子一样打女儿，又被众人拉住。不管排了几次，费了多少力气，一点儿也没有逼真感。导演忍无可忍，又不敢对我发火，只好对其他人训话：你们不要因为她是吴淡如，就不敢大力拉她。

一位上年纪的演员也忍不住了，挺身而出拿着道具瓶敲自己的头，用苦肉计对我说：看，用力打下去没关系，会痛不会死。

不是我不敬业，而是我……我从没打过人，生怕假戏真做，把别人打伤。不管我如何对自己心里喊话，就是豁不出去。在排戏那段时间里，如果有朋友看到我在唉声叹气，那一定是过会儿得去排戏了。

眼看别人演技都很出色，排戏时也能让旁观者爆笑连连，可戏一轮到我开始说话就冷了，别人心急，我更急。

挣扎了好久，我沮丧地安慰自己：我真的不是演戏的料，我只能做自己，反正我以后又不打算做这一行，还是趁早退出。我鼓起勇气找到剧团经理，表明退出的意愿。他能吃到一百多公斤不是没有道理的，因为体胖，所以心宽，一点也不怕我砸他的招牌，拍拍我的肩膀说：传单都发出去了，你不演，很奇怪，放心啦，船到桥头自然直。

我没那么乐观，每晚噩梦连连，生怕自己是一粒老鼠屎，搞坏人家一锅好粥。

每一次在挣扎取舍的时刻，我的心里就会浮出另一种顽固的声音。有三次我被演出失败、观众砸鸡蛋的噩梦吓醒，半夜忽地从床上跳起来，可在惊魂未定之时那个声音在我的心里说：你可以因为表现不好而失败，但不能因为孬种而失败。你得真正试过，才知道自己行不行。

演出的日期愈来愈近，死马只得当活马医。我和自己约好，就算现实生活中，我理智到怎么疯也疯不了，一上台，我必须忘记自己，让疯子好像附在我身上才行。

我甚至利用职务之便，动不动就找人请教，疯子要怎么演啊？我连走路都在背台词，口中时时念念有词。

直到最后一次排练，我都不认为自己的演出及格了，只好继续向自己心里喊话：上了台，跟排练时一定不一样，你应该会更自然。过了这个挑战，你一定会觉得自己又跨过了一个大门槛。

心里喊话也是学来的。记得我在做广播节目时曾采访过世界排名第一的撞球王赵峰邦，他说，在每一次遇到打那种不太可能打进的球时，他总会对自己说："因为你是赵峰邦，所以你打得进这个球。"说也奇怪，只要他能镇定地对自己说这句话，十之八九，球就会乖乖入袋。

考验总是要来临的。虽然我熟悉大场面的主持工作，但是当舞台剧演员是头一遭，开演前，我强颜欢笑，以掩饰自己心跳加速到呼吸困难的事实。

戏一开始，连紧张的时间都没有了。我只记得，我是个外表看来很正常的疯子，说我该说的话，做我该做的事。

《人间条件》的第一场演出是我的处女秀，我听见了观众热烈的笑声与掌声，知道场子没有被我炒成冷饭。熟能生巧，在以后的各场演出中，我试图在每一场演出中都有新的加料。戏一开锣，它仿佛就变成了我自己的真实生活，我唯一的任务就是使它生动深刻。五场在国家剧院的演出，都比我想象得要容易得多地结束了。

舞台剧最大的好处是，观众的反映决不虚伪，他们觉得戏好不好，台上的演员马上就会知道。所以我知道我没有搞砸，相反的，我竟然也觉得我自己演的疯婆可爱极了。

最后几场的演出，观众席全部满座。在庆功宴时，剧团经理才告诉我实话："导演最担心的人就是你，可没想到你一场比一场老道，还会适时地掌控舞台的节奏。"

我也先后遇到一些看过戏的朋友对我说："天哪！我看到最后谢幕时，才知道那个人是你，差太多了。"

我爸爸也看了戏，最好笑的是他在开演后半个小时问我妈："她怎么还没出来?"他还不知道台上的疯子就是我。这至少表明，我不是个演什么都像自己的烂演员。

"我根本不知道你会演戏。"这是演出后我最常听到的一句话，也是我所听过的最自然的赞美了。我一方面乐得飘飘然，一方面也坦白地回答："其实，我也不知道我会演戏。"

一位记者来访问，揶揄我说："为什么你总是有这么多机会可以表现自己，我们想做的事都被你做光了，你该不会又立志当职业演员了吧。"不会啦，我只是想玩玩，我也不认为，除了写作之外，我有其它的天分。应该这么说吧，有时候，梦想是会生利息的：我努力实现我的作家梦，它却自动生了很多利息给我。

没错，梦想是会生利息的，只要感兴趣，不要轻易打退堂鼓。

那个声音是对的，你可以因为表现不好而失败，但不能因为孬种而失败——你总得真正试过，才知道自己行不行。

隐藏自己的聪明

亨莉小姐刚到公司的时候，最喜欢吹嘘自己以前在工作方面的成绩，以及自己每一个成功的地方。同事们对她的自我吹嘘非常讨厌，尽管她所说的都是千真万确的事实。她与同事们的关系因此弄得很僵，为此，亨莉小姐很烦恼。甚至无法在公司里继续工作了。

她不得不向成功学大师拿破仑·希尔请教。拿破仑·希尔在听了她的讲述之后，认真地说："唯一的解决方法，就是隐藏自己的聪明以及所有优越的地方。他们之所以不喜欢你，仅仅是因为你比他们更聪明，或者说你常常将自己的聪明向他们展示。在他们的眼中，你的行为就是故意炫耀，他们的心里难以接受。"亨莉小姐顿时恍然大悟。她回去后严格按照拿破仑·希尔的话要求自己，从此，她非常认真地倾听公司其他人口若悬河的谈论。很快，公司同事们就改变了对她的态度，慢慢地，她成了公司最有人缘的人。

根据心理学家分析，当自己表现得比朋友更聪明和优越时，那个朋友就会感到自卑和压抑；相反，如果我们能够收敛与谦虚一点，让朋友感觉到自己比较重要时，他就会对你和颜悦色，也不会羡慕和嫉妒你了。

把自己的聪明隐藏起来，可以减少竞争对手，还可以避免与别人发生不必要的争斗。我们经常说："树大招风"或"人怕出名猪怕壮"，也是这个道理。

无论你采取什么方式指出别人的错误：一个蔑视的眼神，一种不满的腔调，一个不耐烦的手势，一种难以让人舒心的脸色……都可能带来灾难性的后果。你认为对方会认同你吗？绝对不会！因为你否定的不是一件事，而是对方的能力和智慧。你的直白会打击一个人的荣耀感和自尊心，用三毛的话讲，在此时，你用你的"聪明"伤害了他的骄傲。所以多数情况下，他非但不会改变自己的看法，还会进行反击。这时，你即使搬出柏拉图、康德、黑格尔也无济于事。

古希腊著名哲学家苏格拉底一再告诉他的门徒：“你只知道一件事，就是一无所知。”而英国19世纪政治家查士德裴尔爵士则更加直白地训导他的儿子：“你要比别人聪明，但不要告诉人家你比他们更聪明。”

忍耐是金

忍字头上一把刀，遇事不忍把祸招。若能忍住心头急，事后方知忍字高。

威廉·麦金莱刚任美国第25任总统时，指派某人做税务部长。当时有许多政客反对此人，他们派遣代表前往总统府，要求麦金莱说明委任此人的理由。为首的是一位身体矮的国会议员，他脾气暴躁，说话粗声粗气，开口就把总统大骂一番。麦金莱却不吭一声，任凭他声嘶力竭地骂着，最后才极和气地说：“你讲完了，怒气应该平息了吧。照理你是没有权力这样责问我的，但现在我仍然愿意详细地给你解释……”

这几句话说得那位议员羞惭万分，但总统不等他表示歉意就和颜悦色地对他说：“其实也不能怪你，因为我想任何不明真相的人都会大怒。”接着，他便把理由一一解释清楚。

其实不等麦金莱解释，那位议员已被他折服，他心里懊悔自己不该用这样恶劣的态度来责备一位和善的总统，因此，当他回去向同伴们汇报时，只是说：“我记不清总统的全部解释，但有一点可以报告，那就是——总统的选择并没有错。”“忍”不但使麦金莱的解释获得好的效果，而且使那位议员从此悔悟，以后永远不再做出令人难堪的举动。别人故意用种种奸计使你大发脾气，你一气之下，就会做了不理智的事情，这样无疑是自讨苦吃。

一般说来，豁达开朗之人比较宽容，能够对别人不同的看法、思想、言论、行为以至他们的宗教信仰、种族观念等给予理解和尊重。不轻易把自己认为“正确”或者“错误”的东西强加于别人。他们也有不同于他人的观点或做法的时候，但他们会尊重别人的选择。给予别人自由思考和生存的权利，他们会以德服人。

当然，宽容并非等于无限度地容忍别人，开朗并不等于对构成危害的犯罪行为加以接受或姑息。

恰当的机智幽默有助成功

幽默是一种意志的力量，使你从失败中找到鼓舞；幽默是一种出众的智慧，让你备受别人的青睐；幽默是一种乐观豁达的品格，使你保持积极进取的心态；幽默还是一种宽阔博大的胸襟，使你包容万物。如果你把握了幽默感，你就已经在事业上先胜了一筹。

《圣经》上有这么一句格言："人们有着一颗快乐的心好比怀藏着一只药囊，可以治疗心理上的百病。"

机智和幽默，在交际场上可以使你压倒别人，成为一枝独秀。并显示你的聪明之处，同时也能感染他人，激起高昂情趣。还可以缓解沉闷紧张的气氛，使大家相处得快乐、融洽、亲切、祥和。

有的幽默是文雅的，有的是含沙射影的，有的是健康向上的，有的是低级趣味的。低级趣味的幽默即是冷嘲热讽，恶意挖苦。有时一句讥讽的话会使人丢尽脸面，从而反目成仇，所以在社交场合中，幽默应该显示人的高尚斯文，温柔敦厚。

在我们追求成功的道路上，幽默的确会起到一种不可估量的作用。

1．幽默感有助于一个人的身体健康

有幽默感的人，心胸开阔，不为挫折和困难苦恼，而乐观的个性会增强一个人的生理免疫力。幽默的人还爱笑，而笑能促进全身的肌肉运动和心肺活动，有利于身体的健康。

我们知道，要想获得成功，就必须付出艰苦的劳动，要长期从事这种辛苦的劳作，没有一个好身体是万万不能的。幽默会在这方面帮助你。有的名人甚至靠着幽默，治好了疾病，使自己的事业再现辉煌！

2．幽默是一种非常好的情绪调节剂

幽默能给人带来愉悦，使情绪平和舒畅。在日趋竞争激烈的社会，幽默是一种难得的个性，它代表了人性的自由和舒展。人人都追求幽默，但幽默是自发的，可遇不可求的。

在我们这样的社会，幽默是一种十分难得的天外来客。谁能在幽默上占主动，谁就能很好地控制情绪。

幽默表现了一个人在情感调节中的主动性。当一个人悲哀的时候，他的幽默，就说明了他不会把悲哀真正地放在心上，当一个人高兴的时候，他的幽默，说明他在高兴中仍有清醒理智。

3. 幽默感会建立良好的人际关系

在现代社会，个人事业的成功必须要借助众人之力，无疑，幽默感会增强你的人际吸引力。

在美国，交朋友的第一要素便是幽默。因为你懂得幽默，大家就喜欢接近你，愿意了解你，你也就容易被人理解。而且，在你遇到困难时，别人更愿帮助你，而不是离你而去。

4. 幽默感会增强你斗争的力量和风度

无论是对敌手还是对困难的斗争，都是严肃的、高度紧张的。而幽默感会化解这种紧张情绪，增强你斗争的柔韧性，使你保持一种轻松平和的心态。在某些公开场合的正面交锋中，幽默还会使你大放光彩，赢得听众的支持和喜爱。

5. 幽默会为你树立一个良好的形象

幽默能表现出一个人修养的深厚和智力的优越，一个小小的幽默会给无数的人留下美好难忘的深刻印象，使你从众人之中脱颖而出。懂得制胜之道的人，是决不会放过通过幽默来表现自我的机会的。

其实，在当代中国名人身上，我们对这种幽默感并不感到陌生。我们发现，娴熟地运用幽默，是他们的事业取得成功的秘诀之一。

应当注意，在社交场合中，如果一味地说俏皮话，无限制地卖弄幽默，其效果往往会适得其反。比如你把一个笑话反复不断地讲来讲去，最初可能会引起大家的笑趣，但讲得多了大家就会认为你唠唠叨叨，讨厌恶心，甚至会骂你一句“神经病”。所以，凡事应适可而止。

还应注意谈笑要恰如其分，符合时宜的幽默会使人情绪高涨。但是，当大家正在聚精会神地讨论一个具体方案时，如果你突然冒出一句全无干系的笑话，不但不会使人生笑，反而使人觉得你轻浮放荡，缺乏教养。

恰当的机智幽默能够使你消灭战火于谈笑之间，能够使你打动对方，成为交际中的行家里手。

回避成功的心理障碍

每个人都有能力发展自己，取得更大的成功。然而不幸的是人们在开发自己潜能，取得成功的过程中常会遇到一种自身的心理障碍。

回避成功的心理障碍，主要有意识障碍、意志障碍、情感障碍和个性障碍等。

1. 意识障碍

现实生活中，有很多人，由于受外部环境的影响，对现实事物缺乏正确的认识及不能持有正确态度，从而影响了在事业上的成功。主要表现在：

（1）自卑型

因生理缺陷，或心理缺陷即自认为智力水平低，或家庭、社会条件不如人，而产生的一种缺乏自信，轻视自己，不能进行自我能力开发的一种悲观感受。

（2）闭锁型

不愿表现自己，把自我体验封闭在内心，而不愿向他人表现，因而缺乏自我开发的积极性。

（3）厌倦型

一种厌恶一切自己不感兴趣和无能为力的心理状态。存在厌倦心理的人，常常抱怨自己“怀才不遇”，悔恨“明珠暗投”，而对自我开发失去兴趣。

（4）习惯型

习惯是由于重复或练习巩固下来的并变成需要的行为方式。习惯的形成一是自身养成，一是传统影响。认为不进行自我能力开发也照样过日子，满足于现状是前一种，而求稳怕乱则是后一种。

（5）志向模糊型

指对将来干什么，成为何类人才的理想不明确，从而没有定向进取的内驱力，而不能进行自我能力开发的一种心理障碍。

（6）价值观念异变型

指对作用于人的客观事物的价值量进行了不正确的或者错误的心理评估，形成了一种畸形的价值意识，如把工作分为“三六九”等，“高贵与低贱”，最突出的表现是贬低自己目前所从事的职业，因而不能结合工作开发自己能力的心理障碍。

2．意志障碍

人们在追求成功的过程中，由于受各种因素的影响，不能专注于目标，阻碍实现目标进程。主要表现在：

（1）意志暗示型

指在制定和执行目标时，受外界社会风潮和他人意向的直接的或间接的影响，而产生的一种动摇不定的意志心理状态。表现为确定目标时的“朝秦暮楚”，执行决定时的“三天打鱼两天晒网”。

（2）意志脆弱型

表现在没有勇气去征服实现目标道路上的困难，不是主动去征服困难，而是被动地改变或放弃自己长期进取的既定目标。

（3）怯懦型

怯懦是一种懦弱胆小，畏缩不前的心理状态。这种人过于谨慎，小心翼翼，常多虑，犹豫不决，稍有挫折就退缩，因而影响自我开发目标的完成。

3．情感障碍

情感障碍主要是指对情感缺少认同，也就是我们常说的麻木情感。麻木情感的产生主要是由于长期遇到各种困难，受到各种打击，自己又不能正确地对待和加以克服，形成一种内向封闭性的心理态势。它使人们丧失对外界交往的生活热情和对理想及事业的追求。

4．个性障碍

人们在自我开发中常常出现的气质障碍和性格障碍，如抑郁质的人易表现孤僻独戾、不善交际的弱点；黏液质的人，易表现优柔寡断、缺少魄力的弱点；以及多血质的人缺乏毅力；胆汁质的人办事武断、鲁莽等弱点。

5. 其他障碍

除了意识障碍、意志障碍、情感障碍和个性障碍外，还有影响智力开发的几种心理障碍。包括：

感觉加工中的心理错觉：如受时间影响的心理错觉、受需求满足程度引起的心理错觉、情绪状态产生的心理错觉，以及颜色和视觉方面的偏见。

知觉中的错觉和偏见：如知觉中的异常性、知觉的暂留性、期望中的偏见、时间的局限性，以及依靠一些不正确的感知经验来支持或反对另一些经验的循环错误。

思维定势的障碍（如思考问题时的“思维惯性”、科学研究中的“思维定势”）等。这些和回避成功、害怕成功的心理障碍是两种性质不同的心理障碍，但同样对人的事业成功有着巨大影响，特别是当这些心理障碍互相影响时，会形成一种强大的负效应，导致一个人的事业的失败。

很明显，有些人成就不大，不在于智力不够，而在于没有克服自己心理上的弱点和谬见，只有不断向自己挑战，认真对待以上心理障碍，才能取得更大的成功。

战胜自卑，树立自信

自卑是一个人成才的心理大敌。

诺贝尔化学奖获得者，法国科学家维克多·格林尼亚由于出生于一个百万富翁之家，从小过着优裕的生活，所以养成了游手好闲、摆阔逞强、盛气凌人的浪荡公子恶习，但后来的一次重大打击改变了他的习性。一次午宴上，他对一位从巴黎来的美貌女伯爵一见倾心，但是，他却听到一句冷冰冰的回话：“请离我远一点，我讨厌被花花公子挡住视线。”女伯爵的冷漠和讥讽，第一次使他在众人面前羞愧难当。突然间，一种油然而生的自卑感使他感到无地自容。他离开了家庭，只身一人来到里昂，在那里他隐姓埋名，发愤求学，进入里昂大学插班就读，并断绝一切社交活动，整天泡在图书馆和实验室里。这样的钻研精神赢得了有机化学权威菲利普·

巴尔教授的器重。靠着名师的指点和他自己长期努力的结果，他发明了“格氏试剂”，发表了200多篇学术论文，最终被瑞典皇家科学院授予1912年度诺贝尔化学奖。

自卑感是无形的敌人，你必须设法战胜它，否则它所造成的危害及丧失信心、自我意识过强、不安、恐惧等种种症状，都会为你带来不必要的困扰。

自卑的人总是无心无力做一件有挑战性的事情，他们常用的借口是：“唉，我能力太差！”这种人始终无法摆脱自卑的“纠缠”，也根本无法实现自己的目标。而欲成就一番事业，首先要做的一项工作就是拒绝与自卑纠缠。

有句话说：“天下无人不自卑。无论圣人贤人，富豪王者，抑或贫农寒士，贩夫走卒，在孩提时代的潜意识里，都是充满自卑感的。”但你若想成就大事，就必须战胜自卑感。

从自卑到自信，从失败到成功，从渺小到伟大的光辉灿烂之路。这条路人人都可以走，只要你相信自己并愿意改变自己，那么，就能走上一条成功大道。

对自己充满信心，就是给你的人生增添一条成功的路径。一个欲成就一番事业的年轻人，首先要战胜自卑感，树立起信心，充实而坦然地面对生活。

天生我材必有用

美国前总统罗纳德·里根立志要当总统，并相信自己一定可以成为总统。

从22岁到54岁，里根一直在文艺圈中，对于从政完全是陌生的，更没有什么经验可谈，这可以说是个拦路虎。但当机会到来时，共和党的保守派和一些富豪们竭力怂恿他竞选加州州长时，里根毅然决定放弃大半辈子赖以为生的原职业，坚决地投入到从政生涯中。最后，里根成为美国第39

任总统。

人之一生，有如花开一季。面对成功无须狂喜，更不要盛气凌人；不要盲目自信，更没有任何可以值得骄傲的成果。

在生活中，才能并不出众、表现平平、安分守己的人占大多数，但平凡不等于平庸，连古人都说“天生我材必会有用”。

无论一个人多么聪明，多么有才华，如果他对自己的聪明才智不能给予肯定的话，那么他实际上什么都没有，只不过是一个摆设而已。

任何一个成功的人都对自己的能力、实力等有一个准确的定位，他会对自己所具备的能力非常的自信，也有足够的能力说服自己，认可自己。

英国历史学家弗劳德说：“一棵树如果要结出果实，必须先在土壤里扎下根。同样。一个人首先需要学会依靠自己、尊重自己，不接受他人的施舍，不等待命运的馈赠。只有在这样的基础上，才可能做出成就。”

获得成功的欲望和将梦想变为现实的自信心，对于每一个渴望成功的人都是非常重要的。威尔逊曾经说：“要有坚强的自信，然后全力以赴——如果能具备这种良好的心态，无论任何事情，十之八九都能成功。”确实，自尊、自信和自强是决定一个人能否成功的关键因素。

生活态度是人格的温控器

心态是人格的温度控制器。

调车人员约翰，他工作相当认真，做事也很负责，不过他有一个缺点，就是对人生很悲观，常以否定的眼光去看世界。一天，铁路公司的职员都有事，大家都提早走了。不巧的是，约翰不小心被关在一个待修的冰库里。约翰在冰库里拼命敲打着，根本没有人听得到，最后只得颓然地坐在地上喘息。他愈想愈害怕，冰库的温度都在零度以下，如果再不出去，一定会冻死。他只好用发抖的手，写下遗书。

第二天早上，公司的职员陆续来上班。他们打开冰库，发现约翰倒在地上。他们将约翰送去急救，已经没有希望了。使大家纳闷的是，冰库的冷冻开关并没有启动，这巨大的冰库也有足够的氧气，但约翰竟然给“冻”死了！实际上，约翰并非死于冰库的温度，是死于心中的冰点。他已给自己判了死刑，又怎么能够活得过去呢？

生活会这样或那样地给人以重压，使人消极，在这种情况下，培养积极的心态是非常必要的。生活态度是人格的温度控制器，其好坏足以影响人生的成败。积极的人生态度是迈向成功的跳板，也是善待自己的第一步；积极的人生态度是成功的催化剂，它使人格变得活泼，使人充满进取精神，充满冲劲和抱负，即使遭遇困难，也可以获得帮助。

相反，消极、冷漠的人生态度则会使人格变得萎靡、阴郁、懒惰，使人觉得周围处处都是障碍，到处都是不友好的眼光，最终使自己遭遇失败。人生态度是后天的，消极的人生态度并非先天遗传，并非不治之症，完全有可能纠正。

世界是丰富多彩的，有许多东西是令你喜欢并愿意接受的，当然也有许多东西是令你厌恶并嫌弃的。不管你是否愿意接受，人世间的一切都会涌到你的生活中来。从某种意义上说，你难以接受你不满意的东西，原因在于你的思想。所以，为了改变环境，首先要改变思想。别悲观地接受你不满意的东西，要在脑子里构思出理想的环境，构思出一切细节，保持信心，为此努力，你一定能实现目标。

这项成功定律就是：相信便能成功。因为心态失败则人生必然失败；心态成功则是人生将会成功。

不论长或短，你要使你的时光充满愉快的微笑。

态度决定一切

调查资料表明：美国芝加哥因工作疏忽大意造成的损失，每天至少有100万美元。政府发表言论说，必须派遣大批的稽查员去各分公司检查，才可能制止各种马虎行为。虽说在许多员工眼里，有些事情简直是微不足道，但积少成多，积小成大，一些不值一提的小事很可能就会影响他们在老板心目中的形象，影响他们的晋升。

还有报道：在宾夕法尼亚州的一个小镇上，曾经因为筑堤工程质量要求不严格，石基建设和设计不符，结果导致堤岸溃决，全镇都被淹没，许多居民死于非命。

在日常生活中，许多人办事鲁莽轻率，不精益求精，只求差不多，而往往他们的失败就是因为他们致命的弱点——马马虎虎。

“态度决定一切。”无论你是一个多么具有才能的人，如果缺少了良好的人生态度，能力就不能得到表现。对于成功，能力是基础，但是好的人生态度却是才能得以表现的保障。

法国著名作家大仲马的一句话：“如果一个人对一切都不认真，那么他的人生一定很糟糕。”其实，将人生态度落实到“认真”两个字上，看似简单，实际却是一个非常严格的要求，真正做到认真对待人生的人真的很少。

人的一生不过短短几十年，怎样才能使这几十年变得更精彩呢？精彩的人生，少不了认真的态度。这是获得成功必须具备的条件。

尊重别人方能双赢

新官上任三把火，黎克·杰姆逊在刚担任董事长职位时，认为自己烧的第一把火应该是解雇某些员工，以建立自己的权威。经过一番观察，他解雇了莉莎。莉莎是该公司一位资深的高级主管，而且她并未犯过任何错误，唯一勉强可以称得上的理由，是由于莉莎近期要求请几天假去结婚。

面对这种不公平的处分，莉莎的丈夫决定提起上诉。但莉莎认为“多一事不如少一事”，竭力阻止丈夫提出上诉。然而，黎克这项不合理的做法却激发了公司内其他职员的不安定因素，大家从心中降低了对董事长的信任。

以后，大家一致认为黎克能力极高，委实称得上是一位称职的董事长。然而，黎克仍然无法获得全体人员的忠心支持，因为大家心中都存在这样一种想法，“尽管我工作上表现出色，却不知什么时候会像莉莎一样，被他开除。”

最大的伤害莫过于无视对方的自尊，当友情或者某种合作的工作关系发展到难以维系的程度时，许多人会从心里冒出这样一个想法：管他呢，反正维持不下去了，即使自己做得过分一些也没关系。

如果你正处在一个犯有巨大过错的边缘，如果你的这些过火行为给对方留下了永久的伤害，那么即使合作或朋友关系彻底破裂，你仍然会遭受到可怕的后果。

所以，要学会尊重别人。

作为一个成功的社会人，只有尊重了别人，才是尊重了你自己，为自己赢得了尊重。如果忘记尊重别人，别人便可能意志消沉，甚至“以眼还眼，以牙还牙”。失去别人的支持和配合，一个“光杆司令”还怎样能作战呢？因此，无论于公于私，无论于人于己，都要切记“尊重”二字。

一位社会学家说：“社会要进步，确实需要条条框框，但第一条规定应是尊重别人。如果把第一条规定做好了，一切就好办了。”事业的发展基石就是对别人个性的尊重和对个人能力真诚、坚定的信任，只有相信、尊重个人，尊重他人的尊严，才能激发别人的主观能动性。

尊重别人，也是取得“双赢”的重要方式。

第二章 扬起青春的风帆

期待鞭策我们努力

灵魂期待着什么，就能达到什么。

对我们的生命最有帮助的，莫过于心中怀着一种乐观的期待态度，一种只关注与期待那些最好、最高的事物的态度。

对于自己的前程有着良好的期待，这足以促使我们奋起而努力。我们期待成家立业、安富尊荣，期待着自己在社会上占有一席之位，甚至崭露头角。这种种期待，都能鞭策我们努力奋斗。

世界上有许多人，他们都自以为世间有种种的幸福安乐，以及种种的物质享受，然而他们哀叹那都不是为他们而设的！他们顽固地相信，那些东西只有别人才能享受，自己对于这些是没有份儿的！

但是，为什么他们与别人处于相同的氛围，别人有份，而他们没有份呢？就是因为他们自认为自己是与别人不能相提并论的；认为自己是属于下等；就因为他们自暴自弃。上苍是没有什么方法可以使人们得到世间的种种幸福的，假使你是志趣卑微、自甘堕落；老是对自己没有多大的期待；老是不相信世间的种种幸福是可以属于你的，你自然只能渺小卑微地度过一生了。

我们期待什么，就得到什么。所以，假使我们什么也不期待，那就什么也得不到。

假使他不期待致富，他又怎么可能变得富裕呢？想要致富，但心中同时又在怀疑自己的能力不足以致富，他的心中时刻都在期待着贫贱，这真是所谓缘木求鱼了。

一个人假使常常怀疑自己的能力不足以使他取得成功，那他就绝无成功的希望。只有期待成功的人，才能获得成功。一个成功的人的心理必须是积极的，勇往直前的，向上、乐观的。

如果你一面在期望着追求某一件事，但心中却在期待着相反的事情，这种相互矛盾的心态最足以误事。假使你期望昌盛富裕，而同时却又怀着贫贱相依的精神态度，那你就永远不会步入昌盛富裕之门。

许多人就是因为精神态度不与实际的努力相匹配，正在进行此事时，即在期待另一件事，以致他们所作的大部分努力都是劳而无功的。他们所怀有的错误精神态度，会于无形之中把他们追求的东西驱逐掉。他们在从事事业时，没有心存必胜的期待与把握，也没有心存坚强的自信与决心。

灵魂期待着什么，就能达成什么。

最足以使病人的病情趋于严重的，就是不良的心理作用和精神态度，他们常常害怕病情日趋恶化，常常预感某种症状会出现。这种不良的期待，会对病体产生可怕的恶劣影响。它会使病人的生命与活力的泉源趋于干枯，而终于死亡。只有乐观的期待与坚强的信仰，才能医好疾病。病人对于病情的乐观期待，对于医师及药剂的坚强信念，这种心态在治疗疾病上的功效，实际上要超过医师及药剂本身。

常常期待自己的将来是充满希望与光明的，期待自己在将来总会健康的，昌盛的、幸福的，总能在社会上占有一席之地的。这种心理的养成，对于你一生事业上的帮助，要超过任何东西。我所认识的大多数成功的人，都有着一种乐观、期待的习惯，不管目前的情形多么惨淡、黑暗，他们对于取得“最后的胜利”总有十足的把握。这种乐观的期待心理，会生出一种神秘的力量，使他们达到所期望的目的。

我们的各种机能，都服从于我们意志的命令。所以我们的意志期待它们做什么，它们就做什么。假如我们的期待越大，要求得越迫切，而且一定要它们按我们的意愿行事，那它们自会顺从我们的意愿而行动。

期待自己做成大事业的心理，最能发挥我们的能力。这种期待可以唤起我们潜伏的力量。这种力量要是没有重大的期待，迫切的催唤，它们是会被永久埋没的。

你应该有坚强的自信，相信你自己总能达成你所有的理想。对于你自己，天下没有做不成的事！不要存有一丝的怀疑念头！你应当将这种念头逐出你的心境，只留下些足以帮助你成功的思想。

应该常常怀着“前途光明”的期待，怀着只要自己能努力奋斗，那一切伟大光明的东西必然在静候着你的信念！

你还要怀着一种乐观的期待态度。期待一切事情都将是吉而非凶的，是成功而非失败的，是幸福而非痛苦的。这对于我们的生命是最重要的，否则，那就什么也得不到。

活出自我

生命是自己的，生活是自己的，只有将自己最擅长的部分延伸发展，你才可以活出璀璨的自己。

“我想按照自己的定义过生活。”梅格莱恩说：“我绝对不要活在别人定义的形象底下。我不在乎遗忘，人们总是会变得贪婪、太过自我。我希望能不断成长，活出既有的框架。也许我会再拍一部或两部电影，也许不会。虽然我会怀念这个工作，不过我对其他事情也很有兴趣。”

“我希望能活得踏实。”她说：“我不想过得飘飘然，脱离现实。”

你想要的自我方式是什么样？这是一个永远没有标准答案的问题。只要那是你要的方式，便是最好的方法。

最可怕的人生，便是活了一辈子之后，却发现这不是自己要的一辈子：

做着自己不喜欢的工作、念着不想念的科系、过着自己不想要的生活……这种人即使活了二百岁也是白活，因为他根本没有自己、没有思想，只像张复印纸，不断地复印别人的想法和意见，以这些东西再来复印生活！

活出自己，还必须要克服的便是：别太在乎别人的想法和眼光。

请相信，这世界不会有人比你自己更懂自己要什么！

每个人的价值观和对生活的认同感并不尽然相同，他们当然可以给你意见，为你分析，你也可以去参考、去思维，但绝对不可以一个口令一个动作，人家说好的便去做，人家不认同的，便去抗拒，这样只是对自己不尊重而已，而不懂得尊重自己的人，别人又怎么懂得去尊重你？把自己生命中该思考的问题，丢给别人负责，根本是不负责任的行为！

任何人都有自我的方式：有人用唱歌活出自己、有人通过画画、有人用舞蹈、有人用种田、有人用煮饭、有人靠买卖……方式各异但唯一相同的是：这都是自我的选择。

生命是自己的，生活是个人的，方式更是自己选的，每个人都有不同的天分，只要将自己最擅长、最喜欢的部分去延伸发展，就可以发展各自璀璨的自己。

不要再犹豫了，你当然可以决定要活出自己，生命的原色原本就该这样，将那些杂质滤掉，快快乐乐地活出自己吧！

真诚的人生最快乐

以最诚恳的心来待人最没有负担。

有一对靠捡破烂为生的夫妻，每天一早出门，拖着一部破车到处捡拾破铜烂铁，等到太阳下山时才回家。他们回到家的时候，就在门口的院子里放了一脸盆的水，然后搬了一张凳子坐在上面，双脚浸在盆中，一面拉着弦一面唱着歌；唱到月正当空、浑身凉爽的时候他们才进房睡觉，日子过得非常逍遥自在。

他们对面住了一位很有钱的员外，他每天都坐在桌前打算盘，算算看哪家的租金还没收，哪个地方还欠账，每天总是算钱算得很烦。他看对面的夫妻每天快快乐乐的出门，晚上轻轻松松的唱着歌，心中非常的羡慕也感到奇怪，于是问他的伙计说："为什么我这么有钱却不快乐，而对面那对穷夫妻却会如此的快乐呢？"

伙计听了就问员外说："员外，你要看他们忧愁吗？"

员外回道："我看他们不会忧愁的。"

伙计说："只要你给我一贯钱，我把钱送到他家，保证他们明天不会拉弦唱歌。"

员外说："给他钱他一定会很快乐，怎么说不会再唱歌了呢？"

伙计说："你尽管给他钱就是了。"

员外果真把钱交给伙计，当伙计把钱送到穷人家时，这对夫妻拿到钱真的很烦恼，那天晚上竟然睡不着觉了，想要把钱放在家中，门又没有关；要藏在墙壁里面，墙又是用手一扒就会开；要把它放在枕头下又怕丢掉；一整晚就是为这贯钱操心，一下子躺上床，一下子又爬起来，整晚就是这样起起落落，无法入眠。

他太太看他坐立不安，也被惹烦了，就说："现在你已经有钱了，你又在烦恼什么呢？"

先生说："我有这些钱，明天到底要做什么生意？要把钱放在家中又怕丢了。现在我满脑子都是烦恼。"

隔天一早他把钱带出门，整条街绕来绕去不知要做什么好，绕到太阳下山，月亮上来了，他又把钱带回家，垂头丧气的不知如何是好，想做小生意不甘愿，要做大生意钱又不够，他向太太说："这些钱说少，却是我一辈子也没有这么多，说多又做不了大生意，真正是伤脑筋啊！"

那天晚上员外站在对面看，果然听不到拉弦和唱歌了，因此就到他家去问他怎么了？这对夫妻说："员外啊！我看我把钱还给你好了，我宁可每天一大早出去捡破烂，总比背着这些钱还轻松啊！"那时候员外突然恍然大悟，原来，"有钱却不知布施"是一种负担。

人生如果没有负担，就是最快乐的人生。什么样的人生才没有负担呢？"真诚"，以最诚恳的心来待人最没有负担。因为没有人与他结怨，也没有心机来和人计较。这种日子最好过，这样的人生最快乐。

幸福是心灵的怡然自得

一个人的思维意识最终影响他对财富和幸福的感知。

1. 富有的人生是幸福的人生

什么是富有？有个名词叫“财富”，好似有了财就会富有。可是财是什么？金钱和物质，而物质在高度发达的商品社会又绝大多数是可以用钱买到的，难道有了钱就真正富有了吗？

钱，对我们而言，是重要的东西，但不是最重要的东西。假如为了钱失去了青春；为了钱失去了友谊；为了钱失去了亲人；为了钱失去了良心……那人生的光芒就会黯然失色，因为钱永远不会等同于人生的幸福。人生中，还有许多比金钱更重要的东西，一个富有的人也不仅仅是占有足够金钱和物质的人，还有知识、智慧、美丽、快乐等等。

再说，钱，毕竟不是万能的！钱能买来文凭，却买不来知识；钱能买来奴才，却买不来友谊；钱能买来钟表，却买不来时间……您总不至于拿着钞票，对天高喊：“天啊！卖给我三百万的寿命吧！”

美国《财富》杂志曾评出全美40位年龄在40岁以下的最富有的人，他们所拥有的个人资产都至少在数亿美元以上。这些人既年轻又富有，可说人生风光占尽。但他们的内心并不像人们想象得那么快乐无忧，相反却承受着比一般人更大的压力，心中存有更深的疑惑和焦虑。他们有的因不能像普通人一样生活而烦恼，有的不知道一旦失去财富后应该怎样生活。他们一刻不停地工作、工作，像上紧发条的陀螺，身不由己地飞速旋转着。可见财富不仅给人带来享乐，也一样带来麻烦。

在瑞士，婴儿一降生，医院就会立即通过户籍网络查看他（她）是这个国家的第几位成员，然后以此编号开始在户籍卡中输入孩子的姓名、性别、出生时间、家庭住址及财产状况等。

曾经有个黑客想通过国际互联网把自己刚出生的儿子注册为瑞士人，一切都进行地十分顺利，但还是在“财产状况”上露了马脚。因为所有的瑞士人在为孩子填写拥有的财产时，写的都是“时间”，而不是多少多少瑞士法郎。

在瑞士人看来，一个人出生后拥有的，无非是几十年的时间。所谓生命，也就是一个逐渐支出时间的过程。有些人需要地位，就用自己的时间去换取权力，有些人需要财富，就把它一点点地换成金钱，有些人需要闲适，于是就在宁静和安谧中从容地度过自己的时日。

在新世纪，瑞士人对财富的理解，对我们或许有所启迪。

2. 财富不等于幸福，却是幸福的媒婆

人性中，许多最优秀和最恶劣的品质都和“对待金钱的态度”密切相关的。正如亨利·泰勒在他经过深思熟虑写成的《生活备忘录》一书中所指出的：“在赚钱、储蓄，花销、送礼、收礼、借进、借出和遗赠等方面，正确的行为原则和方法几乎为一个人的完美无缺作出了论证。”

一个人生来就得追求和创造财富，人生的意义和人生的幸福就在于创造精神和物质的财富。财富本身就在于创造，一个失去创造财富能力的人，才是真正的“废人”。

3．财富的源头

财富是什么？财富不光是金钱，也不光是物质。信息时代来了以后，我们越来越感到，不仅信息就是金钱，而且，科学的观念就是财富。在高度发达的现代社会，财富更是心智，财富更是力量，财富更是智慧和魄力的结晶，财富是物质和精神的高度统一！

有的人的财富装在脑袋里，有的人的财富装在口袋里，能让财富装满脑袋又能从口袋掏出财富的人才是真正的富翁。

财富可以继承和转让，但财富的源头无法继承，也无法转让。财富的源头是心智。有心智的人，赤手空拳也可以创造财富。

很多年前，一则小消息平静地传播在人们之间：美国穿越大西洋底的一根电报电缆因破损需要更换。这时，一位不起眼的珠宝店老板却没有等闲视之，他几乎十万火急，毅然买下了这根报废的电缆。

没有人知道小老板的企图：“他一定是疯了！”

他呢？关起店门，将那根电缆洗净、弄直，剪成一小段一小段的金属段，然后装饰起来，作为纪念物出售。大西洋底的电缆纪念物，还有比这更有价值的纪念品吗？

就这样，他轻松地发迹了。接着．他买下了欧仁皇后的一枚钻石。那淡黄色的钻石闪烁着稀世的华彩，人们不禁问：他自己珍藏还是抬出更高的价位转手？

他不慌不忙地筹备了一个首饰展示会，当然是冲着皇后的钻石而来。可想而知，梦想一睹皇后钻石风采的参观者会怎样蜂拥着从世界各地接踵而至。

他几乎坐享其成，毫不费力就赚了大笔的钱财。

他，就是后来美国赫赫有名、享有“钻石之王”美誉的查尔斯·刘易斯·蒂梵尼，一个磨房主的儿子！

心智不仅是创造财富的源头，更是掌握财富的钥匙。在知识化和信息化的时代，人类的生存和竞争主要依靠的是心智。心智是知识、创意和胆略的结晶。

这里的知识不单纯是学院里的专业知识，它主要是一种活生生的社会知识、一种创造性的经营智慧。这种知识是一个人创造和掌握财富的基础。学院里的专业知识是高级或中级打工者必备的技能，是“创造”财富的基本手段。而财富的所有者老板们需要的知识，是“掌握”财富的知识，是发挥财富力量的知识，是投资和回报的科学，是关于如何让钱生钱的学问。

创意和胆略是这门学问的关键。而创意是不太可能被书本教条化的，胆略也不是书本可以传授的。它们只能来自于对社会的深刻透视和生活的磨炼。

财富的源头，如泉水的源头。泉水的源头可以在高山上，也可以在小沟里，但总要有足够的势能，否则就无法形成喷泉。泉水在高山上的势能是暴露的，在小沟里的势能是隐藏着的。财富的势能也是如此，有一帆风顺的获得，也有坎坷磨砺中的赚取。风顺也好，坎坷也好，都需要一颗能够装载财富势能的心灵。这就是财富的源头心智！

4．幸福是一种心灵状态

幸福比金子还珍贵，这是生活教会我们的真理。既然幸福不在财富那里，那么它又在哪里呢？

幸福是一种心灵状态，和物质的关系是很稀松的。幸福与财富从来就画不上等号，她只在一个人的心底，幸福的最高境界便是心灵的怡然自得。人人都在追求幸福，但是，能得到幸福的可靠方法只有一个，那就是靠控制你的思想来得到它。

康德早就说过：人类同时是两个世界的公民，一个是自然世界，一个是精神世界。两个世界各有不同的价值取向和支配法则。即前者是为了生存，后者是为了寻找生存的意义。

人们往往迫于生活的压力，忘却了回到精神的家园。所以，生活过得非常的浮躁。一个人倘若只有外在生活，没有内心生活，他最多只是活得热闹或者忙碌罢了，绝不可能活得充实。今日的世界，外部世界的压力和诱惑越来越大，我们拼命地奋斗，然而金钱和财富一旦被看做成功的唯一砝码，荣华富贵就容易让我们沦为赚钱的机器，丧失人性的快乐。所以我们不要忘了回到自己的精神家园，那里有比金钱更重要、更珍贵的东西，你也将由此获得深沉而持久的喜悦和快乐！

当你的心灵装满痛苦和抱怨时，你必然离幸福越来越远；而当你在心里不断地填充着宽容和感激时，你便时时都在拥抱着幸福。

如果您今早醒来还算健康，恭喜您，因为有一百万人将活不过一星期，如果您不曾经历战争的危险、被监禁的寂寞、被凌虐的痛苦或是饥寒交迫，恭喜您，您比5亿人还好命；如果您可以参加宗教活动而不必担心被骚扰、逮捕、凌虐或死亡，恭喜您，您比30亿人还自由；如果您的冰箱里有食物、有衣服穿、还有地方住，恭喜您，您比全世界75%的人还富有；如果您在银行有存款，钱包里有钞票、还有一些零钱，恭喜您，您是全世界前8%的有钱人；如果您的双亲都还健在而且没有离婚，您算是幸运儿。您能读这篇文章，真是幸运，因为这个世上还有20亿人根本就不识字！

5. 一颗怀着感激的心，便是幸福的源泉

怀着感激的心走在人生的泥沼中，你会吸取力量；怀着感激的心走在人生的坦途上，你会加快成功的步伐。热爱生活！感谢生活！我们人生的路才会越走越宽。

人生中，愚者总在远方寻找幸福，而智者却在他的脚下栽种幸福。生活中，常常是当一扇门关上时，就会有另一扇门朝我们开启，但我们往往是长时间地滞留在那扇关闭了的门前，却没有看到为我们开启的另一扇门。

真心的感激，一方面可以降低我们感到满足的境界，从而得到幸福；另一方面，它又提升我们追求的境界和信心。

草原上有对狮子母子，小狮子问母狮子："妈，幸福在哪儿呀？"

母狮子说："幸福就在你的尾巴上……"

于是，小狮子不断追着自己的尾巴跑……但始终咬不到。

母狮子笑道："傻瓜！幸福不是这样得到的。只要你昂首向前走，幸福就会一直跟随着你！"

自信心是压不下去的力量

自信心是一个人做事情与活下去的支撑力量。

一个经理，他把全部财产投资在一种小型制造业上，但由于世界大战爆发，他无法取得他的工厂所需要的原料，因此只好宣告破产。金钱的丧失，使他大为沮丧。于是他离开妻子儿女，成为一名流浪汉。他对于这些损失无法忘怀，而且越来越难过，甚至想要跳湖自杀。

一个偶然的机会，他看到了一本名为《自信心》的书。这本书给他带来勇气和希望，他决定找到这本书的作者，请作者帮助他再度站起来。

当他找到作者，说完他的故事后，那位作者却对他说："我已经以极大的兴趣听完了你的故事，我希望我能对你有所帮助，但事实上，我却无能力帮助你。"

他的脸立刻变得苍白。他低下头，喃喃地说道："这下子完蛋了。"

作者停了几秒钟，然后说道："虽然我没有办法帮你，但我可以介绍你去见一个人，他可以协助你东山再起。"刚说完这句话，流浪汉立刻跳了起来，抓住作者的手，说道："看在老天爷的份上，请带我去见这个人。"

于是作者把他带到一面高大的镜子面前，用手指着说："我介绍的就是这个人。在这世界上，只有这个人能够使你东山再起。除非坐下来，彻底认识这个人，否则你只能跳到密歇根湖里。因为在你对这个人作充分的认识之前，对于你自己或这个世界来说，你都将是个没有任何价值的废物。"

他朝着镜子向前走几步，用手摸摸他长满胡须的脸孔，对着镜子里的人从头到脚打量了几分钟，然后退几步，低下头，开始哭泣起来。

几天后，作者在街上碰见了这个人，几乎认不出来了。他的步伐轻快有力，头抬得高高的。他从头到脚打扮一新，看来是很成功的样子。"那一天我离开你的办公室时还只是一个流浪汉。我对着镜子找到了我的自信。现在我找到了一份年薪三千美元的工作。我向老板先预支一部分钱给家人。我现在又走上了成功之路。"他还风趣地对作者说："我正要前去告诉你，将来有一天，我还要再去拜访你一次。我将带一张支票，签好字，收款人是你，金额是空白的，由你填上数字。因为你介绍我认识了自己，幸好你要我站在那面大镜子前，把真正的我指给我看。”

自信心是一个人做事情与活下去的支撑力量，没有了这种信心，就等于自己给自己判了死刑。

身外之物莫贪婪

“身外物，不奢恋”是思悟后的清醒。它不但是超越世俗的大智大勇，也是放眼未来的豁达襟怀。

民间流传着一首《十不足诗》：

终日奔忙为了饥，才得饱食又思衣，冬穿绫罗夏穿衫，堂前缺少美貌妻，娶下三妻并四妾，又怕无官受人欺，四品三品嫌官小，又想面南做皇帝，一朝登了金銮殿，却慕神仙下象棋，洞宾与他把棋下，又问哪有上天梯，若非此人大限到，上到九天还嫌低。这首诗对那些贪心不足者的恶性发展写得淋漓尽致。物欲太盛驱使造成的灵魂变态，就是永不知足，没有家产想家产，有了家产想当官，当了小官想大官，当了大官想成仙……精神上永无宁静，永无快乐。

永不知足是一种病态，其病因多是权力、地位、金钱类引发的。这种病态如果发展下去，就是贪得无厌，其结局是自我爆炸，自我毁灭。

托尔斯泰说：“欲望越小，人生就越幸福。”这话，蕴含着深邃人生哲理。“欲望越小，人生就越幸福。”这是针对欲望越大，人越贪婪，人生越易致祸而言的。古往今来，被难填的欲壑所葬送的贪婪者，多得不可计数。

托尔斯泰还讲过一个故事：

有一个人想得到块土地，地主就对他说，清早，你从这里往外跑，跑一段就插个旗杆，只要你在太阳落山前赶回来，插上旗杆的地都归你。那人就不要命地跑，但已精疲力竭，摔个跟头就再没起来。于是有人挖了个坑，就地埋了他。牧师在给这个人做祈祷的时候说：“一个人有多少土地呢？就这么大。”

这个死者，正像《伊索寓言》里一个故事所说：“有些人因为贪婪，想得到更多的东西，却把现在所有的也失掉了。”

其实，我们每一个人所拥有的财物，无论是房子、车子，金子……无论是有形的，还是无形的，没有一样是属于你自己的。那东西不过是暂时寄托于你，有的让你暂时使用，有的让你暂时保管而已，到了最后，物归何主，都未可知。所以智者把这些财富统统视为身外之物。

克服内心的瓶颈

心可以超越困难，可以粉碎障碍，终达成你的期望。

举重项目之一的挺举，有一种“500磅（约227公斤）瓶颈”的说法，也就是说，以人体的体力极限而言，500磅是很难超越的瓶颈，499磅的纪录保持者巴雷里，比赛时所用的杠铃，由于工作人员的失误，实际上超过了500磅。这个消息发布之后，世界上有六位举重好手在一瞬间就举起了一直未能突破的500磅杠铃。

有一位撑竿跳的选手，一直苦练都无法越过某一个高度。他失望地对教练说：“我实在是跳不过去了。”

他问教练：“我一冲到起跑线时，看到那个高度，就觉得我跳不过去。”

教练告诉他：“你一定可以跳过去。把你的心从竿上摔过去，你的身子也一定会跟着过去。”

他撑起竿又跳了一次，果然跳过。

心，可以超越困难，可以突破阻挠，心，可以粉碎障碍，心，终必会达成你的期望。

所谓瓶颈，其实只是心理作用。你有生活瓶颈吗？

一个人的生活罗盘经常失灵，日复一日，有多少好人在迷宫般的、无法预测也乏人指引的茫茫职场中失去了方向。他们不断触礁，可是别人却技高一筹地继续航行，安然度过每天的挑战，平安抵达成功的彼岸。为了维持正确的航线，为了不被沿路上意想不到的障碍和陷阱困住或吞噬，你需要一个可靠的内部导引系统，一个有用的罗盘，为你在职场困境中指引出一条通往成功的康庄大道。可悲的是，太多人从未抵达终点，因为他们借助失灵的罗盘来航行。这坏掉的罗盘可能是扭曲的是非感，或蒙蔽的价值观，或自私自利的意图，或是未能设定目标，或是无法分辨轻重缓急，有智能的卓越人士，选择可能的路线，坚定地向前行进，可以度过周围的危险，安抵终点。

蒂娜很小时候就发现自己对科学的热爱，念书时，每到自然课她就如鱼得水，后来她继续升学，直到大学化学系毕业。她的第一份工作和实验工作有关，这是让她最有归属感，也是能伸展抱负的领域，蒂娜不仅完成了所有老板交付的工作，还自动加倍做事，她一大早就去上班，留到很晚还不下班，就连周末都跑到实验室加班。

在这个职位做了几年以后，蒂娜变得不安起来，因为这个职务的挑战性，并未随着她知识的成长而拓展。由于无法找到适合她的挑战，蒂娜决定回到校园继续深造。在研究所攻读的蒂娜，学到了一种新的技术，这门新兴的科学令她十分着迷，她写的硕士论文便是以此为题。她发表的论文让她声名大噪，一毕业就接到好几家公司所提供的十分吸引人的工作机会。她接受了一家公司的邀约，因为他们让她有机会应用所学，继续进行商业性的研究。蒂娜很满意这个职位，表现优异且绩效卓越，她的工作为雇主带来高经济效益的技术突破。为了奖励她卓越的成就，高层决定将蒂娜升为实验部门的主管，这是一个收入丰厚、位高权重，但也肩负重责大任的职位。

蒂娜在新的角色中负责管理其他研究人员的工作，这是她第一次担负管理工作，包括准备工作日志、指导绩效评估、处理监督事宜、企划等。她花在实验室的时间减少了，留在办公室处理公文、打电话、与人互动的机会却增多了，另外还有冗长的会议，蒂娜最厌恶的就是开会。她开始怀念起过去的日子，觉得那时她是多么的生气勃勃又充满了挑战，金钱和名望已不足以弥补这个遗憾。

每天都有许多困惑不安的人，鱼贯进出心理治疗师的诊疗室，因为他们根本拒绝接受人生的定律，你不可以吃着碗里，还望着盘子，鱼与熊掌是无法兼得的，这是千古不变的至理名言，蒂娜既想要她所热爱的有趣且富挑战的工作，又想要升官发财，加薪、名望、权势，但她不可能全都兼得。

我们太庸人自扰，因为我们拒绝面对一个简单的事实：世事不可能尽如人意。我们日复一日作茧自缚、陷入苦恼，因为追求一个愿望，却造成另一个愿望无法达成，还拒绝调整自己接受这个事实。

蒂娜的罗盘就是这样坏掉的，它同时指向两个背道而驰的方向，因此让她感到困惑。蒂娜需要一个仅仅指向单一方向的罗盘，一个值得让她继续前进的方向。

聪明人的心理是：清楚追寻的目标，决定优先的顺序。曾经有个电视广告，里头有位忙碌的职业妇女，开车接她的小女儿放学回家，她告诉小女孩：“我过几天要离家出差。”小女孩流露出非常失望的表情，因为这样母亲就无法参加她在学校的戏剧演出。

这位母亲试着安慰女儿说：“你喜欢你拥有的一切，还有我们的大轿车，你也希望我们能住更大的房子，对不对?”孩子想了一下，然后回答：“我们真需要一栋更大的房子吗?”

这个孩子的问题其实并不幼稚，只是天真烂漫却又一针见血，但在坦诚面对事实，必须从两个无法兼得的渴望中择一时，又显得格外成熟。这就是聪明人的做法，他们诚实面对这两种抉择的结果，弄清楚哪个目标才是他们更期望的。

走出心灵的牢房

乐观的心已经让你成功了一半，成功来自信念上的差异。

我们必须面对这样一个奇怪的事实：在这个世界上，成功卓越者少，失败平庸者多。成功卓越者活得充实、自在、潇洒；失败平庸者过得空虚，艰难，猥琐。

为什么这样?

且看这样一个故事：

赛尔玛陪伴丈夫住在一个沙漠的陆军基地里，天气热得令人受不了，在仙人掌的阴影下也有华氏125度。她没有人可以聊天，那儿只有墨西哥和印第安人，而他们不会说英语。她非常难过，于是就写信给父母，说要丢掉一切回家去。父母的回信只有两行，然而这两行信却永远留在了她心中，完全改变了她的生活：

“两个人从牢中的铁窗望出去，一个看到泥土，一个却看到了星星。”

塞尔玛一再读这封信，觉得非常惭愧。她决定要在沙漠中找到星星。

塞尔玛开始和当地人交朋友，他们的反应使她非常惊奇，她对他们的纺织品、陶器表示兴趣，他们就把最喜欢但舍不得卖给观光客人的纺织品和陶器送给了她。塞尔玛研究那些引人入迷的仙人掌和各种沙漠植物、生态，还学习了有关土拨鼠的知识。她观看了沙漠日落，还寻找过海螺壳，这些海螺壳是几万年前这沙漠还是海洋时留下来的……就这样原来难以忍受的环境变成了令人兴奋、流连忘返的奇景。

是什么使这位女士内心发生了这么大的转变？

沙漠没有改变，印第安人也没有改变，但是这位女士的念头改变了，心态改变了。一念之差，使她把原先认为恶劣的情况变为一生中最有意义的冒险。她为发现了新世界而兴奋不已，并为此特地写一本书《快乐的城堡》。她从自己建造的牢房里望出去，终于看到了星星。

勇敢面对人生才能无怨无悔

唯有忠于自己的感觉，勇敢面对自己所做的决定，人生才能无怨无悔。

一个选择的价值，如果把它放在不同的时空来看，可能就会有不同的评断，也或许因为时空的转移而有新改变。

阿娟大学毕业后，遇见了虽然穷困但很有才华的阿威，她很喜欢阿威专心作画时的那股英气和帅气，更喜欢他笔下的画风和美感。

两人交往了一年后，就开始同居。半年后，阿娟的父母发现此事，要阿娟做个选择，决定要跟阿威过一辈子，立刻和他结婚，还是去找一个生活正常，有前途的人嫁了。

虽然阿威工作不稳定，收入又少，但阿娟对他已是情深义重，再也离不开了。因此，她不顾父母的反对，毅然嫁给了阿威，没有任何嫁妆，也没有任何亲友的祝福。

就这样，她和阿威两个穿上情侣装——同样款式的牛仔裤和T恤，手牵手去领了结婚证。

阿娟一辈子都记得，她妈妈偷偷躲在门口掉眼泪的情景。

和妈妈离别前，妈妈沉痛地又问了一句："阿娟，你真的想清楚，不后悔了吗?"

阿娟也含着泪，眼神坚毅地说："妈，你放心，我会对自己的决定负责，一生无怨无悔!"这句话一直回荡在阿娟的脑海，直到多年以后。

在他们生了第三个孩子后，阿威仍旧一事无成，又找不到工作，便开始酗酒，甚至出手打她。实在无法过下去了，阿娟在结婚的第六年，和阿威离婚了。

有谁料想得到，6年前的坚毅决定，竟换得6年后这样不堪的结果？到底什么才是真正对的决定？什么才是绝对错的决定？

当然了，在阿娟的父母眼里，她当初的决定，一辈子都是绝对错误的。

阿娟离婚时，也深受父母影响，每天活在无尽的自责和悔恨中，直到她想起了自己所说的那句话："我会对自己的决定负责，一生无怨无悔!"她才猛然发现，当初的决定并没有错，虽然她的想法不符合别人的眼光和父母的期望，但是她没有背叛自己的感觉和感情，所以她应该活得无怨无悔才对。

她想起那时每天凝视阿威认真作画的表情，一种无限的幸福和满足感让她好几次都感动得落泪。没错，即使现在阿威变了，即使6年后，表面上看起来是自己做错了抉择，不过，在她的心灵深处，仍感到一种满足，她确实是无怨无悔。

后来，她独力抚养三个孩子长大，而且很努力地从悔恨和自责中站立起来。虽然，过去的阿威已经不在了，但她心中仍永远保持着当年那一份深深的感动。

有一天，她对父母说："离婚不是一件坏事，至少我很感激上帝让我有这个机会，能和当时的阿威共同走过一段人生，到现在我仍感到很满足。这段人生，我真的无怨无悔！"

她终于了解，像婚姻这类生活事，没有绝对的对或错，更没有绝对好或坏的决定，唯有忠于自己的感觉，勇敢面对自己所做的决定，人生才能无怨无悔。

就像情人间的交往，在选择的当时，大多数人对彼此都是真心的。虽然承诺总是说得轰轰烈烈、天长地久，但谁都无法肯定地说，这段恋情到底能持续到什么时候。即使后来两人分开了，但毕竟曾是那样真诚地相爱过，也一起度过了许多快乐的时光。在那些日子里心灵的满足与成长，就是最珍贵的纪念。

只要在做决定的时候认真地考虑过，也有勇气面对自己的选择，那就不需要为了不好的结果悔恨自责，而是应该勇敢地向前看。

学会坚持与变通

能够多角度考虑问题，学会适当放弃，你就具备了成功者的素质了。

"一条路走到黑"是对一个人执着的说明，同样也是对一个人固执的表述。在生活中，人总是感觉自己正确有自信，总是希望能让别人接受自己的说法或做法。但是自己的所作所为到底是不是对，这也许就是另外的问题了。思想贵于活跃，思想贵于更新。人不能钻牛角尖，那样的话，人就会在原本可以转化思想，获得成功的时候，不能有所行动，就为自己的郁闷和烦恼深深的埋下了种子。

不妨让我们来看看下面这则故事：

从前有两个年轻人，一个叫小山，一个叫小水，他们住在同一村庄，是最要好的朋友，由于居住在偏远的乡村谋生不易，他们就相约到远地去做生意，于是同时把田产变卖，带上驴子和所有的财产到外地去了。

他们首先抵达一个生产麻布的地方，小水对小山说："在我们的故乡，麻布是很值钱的东西，我们把所有的钱换取麻布带回故乡一定会有利润的。”小山同意了，两人买了麻布，细心地捆绑在驴子背上。

接着，他们到了个盛产毛皮的地方，那里也正好缺少麻布，小水就对小山说：“毛皮在我们故乡是更值钱的东西，我们把麻布卖了，换成毛皮，这样不但我们的本钱回收了，返乡后还有很高的利润！”

小山说：“不了，我的麻布已经很安稳地捆在驴背上了，要搬上搬下多么麻烦呀！”

小水自己把麻布全换成毛皮，还多了一笔钱。小山依然有一驴背的麻布。

他们继续前进到一个生产药材的地方，那里天气苦寒，缺少毛皮和麻布，小水就对小山说：“药材在我们故乡是更值钱的东西，你把麻布卖了，我把毛皮卖了，换成药材带回故乡一定能赚大钱的。”

小山拍拍驴背的麻布说：“不了，我的麻布已经很安稳的捆在驴背上，何况已经走了那么长的路，卸上卸下太麻烦了！”小水把毛皮都换成药材，还赚了一笔钱。小山依然有一驴背的麻布。

后来，他们来到一个盛产黄金的城市，那充满金矿的城市是个不毛之地，非常欠缺药材，当然也缺少麻布。小水也对小山说：“在这里药材和麻布的价钱很高，黄金很便宜，我们故乡的黄金却十分昂贵，我们把药材和麻布换成黄金，这一辈子就不愁吃穿了。”

小山再次拒绝了：“不！不！我的麻布在驴背上很稳妥，我不想变来变去呀！”小水卖了药材，换成黄金，又赚了一笔钱。小山依然有一驴背的麻布。

最后，他们回到了故乡，小山卖了麻布，只得到蝇头小利，和他辛苦的远行不成比例。而小水得到了一大笔财富，成为当地最大的富豪。

是什么导致小山的结局呢？是麻布吗？不，麻布放在驴背上，麻布不会说话，更不会主动要小山不要卖掉它。导致这样结局的，是小山自己。

如果我们也像小山一样的话，那么，我们的思想也越来越窄，越来越失去光亮。因此，在我们的生命长河中，一定要学会坚持与变通，不能陷入自己的思想怪圈。

知识改变命运

知识是伟大的力量，它可以创造财富，还可以改变一个人，甚至可以决定一个人的命运。

如果你仍然不相信知识的力量，那不妨看看下面这个关于律师与浪子的故事。从中，我们看到一个律师指引一个迷途的青年走上正途，更重要的是我们也可以看出知识的重要性，无知与有知的区别是何其之大。

这件事情发生在 1957 年。那时的菲尔宾虽已年满 23 岁，仍然浑浑噩噩，无所事事。从伞兵部队复员后，逐渐地迷恋上了杯中物，于是终日混迹于酒吧，并且常常惹是生非，喝醉了酒便与人打架，大清早就与警察闹翻脸。他没有固定的职业，前途一片渺茫。

那时菲尔宾母亲正替纽约的一位名叫乔·汤普逊的律师干活。律师平时十分关心他们的家庭，所以，他母亲便把他惹的麻烦原原本本地都对律师说了。当乔·汤普逊打电话约菲尔宾出去吃中午饭时，令菲尔宾大吃一惊。他知道这位律师是个大忙人，也知道他有时会变得令人讨厌。

他们约好在商业区的一家餐馆见面。那家餐馆的餐桌上铺着雪白的桌布，还有精致的瓷器。那天出门时菲尔宾随手抓了一件衣服穿在身上，所以坐在餐桌前觉得有点别扭，而他平时喝酒总是穿制服的。

汤普逊比他想象中的更加威严，且令人生畏。他高高的个子，一头银发，穿着一套细条纹西装，里边是一件背心，还挂着一块怀表。然而，使菲尔宾刻骨铭心的是他那双冷冰冰的蓝眼睛。他目光犀利，仿佛一眼就看穿了菲尔宾的心思。

点完菜后，律师就说了起来。他的举止有些浮夸，甚至可以说是造作。然而，他习惯于想达到什么目的就一定不会落空这一点，是一目了然的，他一遍又一遍地质问菲尔宾："你打算如何安排自己的一生?"

菲尔宾哑口无言，因为以前没人跟他谈过这件事。

后来，律师见他回答不上，便没继续追问下去，他只是断然地说：为了你父母，为了你自己，你必须痛改前非，重新做人。菲尔宾一听他的话，就气不打一处来，这家伙把他自己看成是什么人啦？可是，接下来律师的语气变得柔和了许多，他主动提出替菲尔宾在保险公司里谋个差事。还说如果菲尔宾想读大学的话，他也可以帮忙。

菲尔宾心里暗暗发笑。于是在他们见面以来，他第一次开口说话："请等等！我的中学成绩很不理想，我觉得我进不了大学。"

律师并没有理会他的话，他只是对菲尔宾说假如他想上曼哈顿学院——菲尔宾父亲的母校，他可以帮忙。这时，律师脸上又露出了最初见面时的那种神色：一双蓝色的眼睛，目光锐利地凝视着菲尔宾，具有一种不可抗拒的力量。很明显，这是菲尔宾唯一的选择。他同意了，或者准确些说是让步了。

一个星期后，在炎热的8月份的一天，他们驾车往北朝学校驶去。来到高速公路上时，汤普逊突然把车停在路旁。"让我们来祈祷一下吧！祈祷上帝让我们获得成功。"他说。他真的要下车祈祷吗？菲尔宾感到非常震惊。但他必须照他的样子跪在高速公路旁。身后几英尺处高速公路上的汽车呼啸着来来往往。菲尔宾感到一种屈辱和羞耻，但他知道这时表示反对是没用的，于是，他也闭上眼睛，但偶尔斜眼偷看律师一眼。只见这位身着细条纹西装的堂堂律师表情严肃，双目紧闭，双手合拢，嘴唇微微翕动祈祷着。

到了学院之后，他们见到了教友格雷戈里——文科系的系主任。"我不是天主教徒，教友"，汤普逊告诉他，"但是这个年轻人要失去灵魂了，他是个酒鬼，还是个爱惹是生非的人，而且生活中没有目标。"

菲尔宾在一旁听了他的话，真恨不得地板上有一条缝让他钻进去。汤普逊接着又谈起传统习惯，谈起了菲尔宾的家庭。他觉得自己几乎是站在陪审团跟前，为菲尔宾的案件辩护。

格雷戈里耐心地听完汤普逊的话，但他告诉他们新生的班级已全部满额。但是他保证只要有空位子便考虑让菲尔宾进去。

到了9月份，正当学校就要开学的时候，菲尔宾接到学院打来的电话。"我们有一个空位子"。格雷戈里说，"你想来试试吗？"

"当然想！"菲尔宾毫不犹豫回答说。

然而，菲尔宾心里有些不知所措。他不知道该干什么。也许该念大学，或者该找一份工作，也许仍旧闲游浪荡？最后，他只好抛硬币作出决定。

第二天，菲尔宾三心二意地去上了第一课——世界文学。这时，奇迹出现了，给他们上课的教授，一位个子不高但精力充沛的人，热情洋溢、口若悬河地谈起了一位名叫亚里士多德的人的思想。菲尔宾情不自禁地被迷住了，他无法相信世上竟有像亚里士多德这样了不起的人。他的脑海里仿佛有一道闪电划过，有如氢弹爆炸出现的闪光，于是他对自己、对世界的看法突然发生了本质的变化。他觉得自己不再是酒鬼，不再仅仅是个退伍兵，且有一种如鱼得水的感觉。因此，就在这一瞬间，他意识到自己可以做个大学生。

接下来，菲尔宾和全班同学一道遨游在知识的海洋中，有世界历史、文学、语言和哲学。菲尔宾觉得正走在一条神圣的道路上。

这并不意味着菲尔宾就此成了圣徒。他仍然常常徘徊于校园中，与人大声争吵有关政治或者宗教方面的问题，以及各种各样问题。

那些日子菲尔宾过得非常有意义，非常充实，因为他没有干过错事，至少这时他与人争吵时使用的武器是智慧而不再是拳头。菲尔宾成为校园里的星级人物。二年级时，他被推选为英语专业协会会长，校刊记者，还成了戏剧俱乐部主席。这样，1960 年，他顺利地获得了学士学位。他的家人为他感到非常骄傲和自豪。于是，他心中藏着一个梦想离开了学校，他要当一名作家。

后来，菲尔宾果然成了一个专业作家，已经出版了 6 本书，并且婚姻美满，生活幸福。

从这个故事我们看到了菲尔宾的巨大变化，当然离不开汤普逊律师给予他的帮助，但更是由于知识吸引了菲尔宾，感染了菲尔宾，使得菲尔宾抛弃过去无知的放荡，而投入知识的海洋去吸吮它的营养，从而成为一位于人于己于社会都有益的作家。

梦想是成功的助推器

假如你感觉不满，你环顾左右前后，就能看出许多可能发展的事物来。这些可能性起初似乎是一些模糊的臆想。所以，如果你想发展你的志向，就必须训练善用你的想象能力。

如果你有梦想，就算不能实现，也还是有其价值的，因为此种梦想可使你看到许多别人所未见过的机会。

处在孩童时代的人们充满了各种各样幼稚的梦想。钢铁大王卡耐基15岁的时候，便对他9岁的小弟弟汤姆谈论他的种种愿望和志向。他说等他们长大后，他要如何组织一个卡耐基兄弟公司，赚很多的钱，以便能够替父母买一辆马车。

他们天天玩着这种游戏，不知不觉中他们内心便保持着许多梦想。这种“假如”的游戏，总是催促他努力工作；等到机会真正来了的时候，他总是能将理想变为现实。

“你以为我做了司机便满足了吗？我的心愿是做铁路公司的总经理。”但是说这话的青年在当时还没有做到司机，他在铁路上做了两年之后，还只是在一辆三等火车上做一个加煤炭的工人，月薪只有40元。他说上面的那句话，是因为一个铁路上的老手激起他说的。那个老手对他说：“你现在做了添加煤炭的工人，就以为自己很有钱了吗？但是我老实告诉你吧！你现在这个位置要再做4、5年后才会成为大约月薪100元的司机；如果你不被开除的话，就可以一生安然地做司机。”

听这话的青年便是弗里兰。他听说自己可以得到一个安稳的工作，并不乐观。他过去许下的诺言，后来真的做到了；他一步一步地努力，后来做到大都会电车公司的总经理，因为他不满足于一种安全稳定的工作。

创新来源于不安于现状。这样从一开始，便有一种梦想，接着是勇敢的努力，把现状和梦想中间的鸿沟连接起来。

伟大的人物并不是空想主义者。他们将来的志向是根植于确切现实的。他们是凭借着有目标的梦想使他们对现实产生不满，因不满而刺激他们努力地奋斗以求成功。

“我从楼梯的最低一级尽力朝上看。看看自己能够看到多高。”这是美国五大湖区上的运输大王考尔比在最初进入社会做事时所说的一句话。

他一无所有，而他的希望却是那样高远。他是根据什么来实现自己的希望的呢？他非常穷困，最初是从纽约一步一步走到克利夫兰，后来在湖滨南密执安铁路公司谋了一个书记的职位。

但是他工作了一些时候．便觉得这份工作除了循环地、机械地干之外，没有什么发展前途。

他觉得矮梯子并不一定就安稳，坐在一个矮梯子的顶上，更容易跌倒，不如爬一个看不见顶的梯子，一心只想朝上爬。

他辞了这份工作，另在赫约翰大使的手下谋得一个差事，赫约翰就是后来美国国务卿兼驻英国大使。考尔比的想像力已经看到，如果与前者在一起，不会有什么发展，与后者在一起，则会有很大的成就。

一个人有眼光才有进步，当然也必须时时改进。考尔比说："我最初走到克利夫兰来，原只想做一个普通水手——这是一种儿童追求冒险和浪漫的思想。但结果我没有当水手，而每时每刻都与美国最完美的一个理想人物相接触（就是赫约翰大使），这也是我的好运气。他便成为我各方面的理想人物了。"

考尔比能够设想到假如他同一个小人物相处，绝不能有很大的发展。于是，他选定了赫约翰，相当于为自己树立了一个理想。

他知通自己将来想做一个什么样的人。

如果你并不觉得不满意，你便不会想改进你的现状，也就不会有一种光明前途的理想。但是，如果你有了理想便满足了，把理想当做实际生活中的一种安慰，那就错了。理想的用处，就是因其能以现在的事实，衬托出其将来可能发生的事情。

如果你自满于这种理想上的成就，那实在是你进步的障碍，甜蜜的理想，必须同时有一种想改革现状使之接近于理想的动力相伴随。

理想可以作为一种刺激，因为它能把你的现在和将来的区别摆在眼前。对人来说，理想应当是一种挑战，催促他改进现有的状况。如果只是空想着成为一个大人物，或是以为自己已经是一个大人物，他将永无任何改进。那么，实际上他应当怎样前进呢？

聪明的人，最初要划出路线来，照着路线从他现在的地位达到他想得到的地位，在中途要树立许多小目标。对于最近的目标积极付出努力，因为这可以在比较短的时间内实现。他达到了一些小目标的时候，觉得有了进步，便感到很高兴，然后休息一会，又鼓起劲来，再树立第二个目标，向着那里前进。

人生好像是爬山。最先必须有一种达到山顶的强烈欲念。但是假如只是想，只是不满足于现在站在山谷中，还是不会到达山顶的。只是悠闲地望着山顶，或是想象着已经到了那里，那也绝不能达到山顶的。必须鼓起劲来，努力前进。

如果只望着山顶，不假思索地往上爬，不管前进的岩石，那么，始终不会达到山顶，必须当心你眼前的脚步。目的地是山顶，山顶有时若隐若现，有时完全看不见，但是不管看见看不见，总可以给你最后的目标。你所要特别注意的是眼前的步骤——如何越过险峰，如何跳过溪流，如何绕过山脚，如何避免从绝壁滑下去。

最后的目标就像指南针一样，使人不致迷失路途。不过如何爬山是完全依靠自己的。

发现阻挡你成功的问题，分析原因，知道自己能够做什么，就成功了一半。其中，克服人性弱点是每一个追求成功的人都要完成的功课。

人性弱点很多，在影响致富方面主要有以下弱点：

（1）连自己想要什么都说不清。

（2）什么都拖延到明天（一般都有很像样的理由）。

（3）没有学习欲望。

（4）优柔寡断。

（5）一切都“推卸责任”，总爱找借口，找“托词”。

（6）不做解决问题的明确计划。

（7）自我满足。

（8）漠不关心，问题发生时不敢面对。

（9）对他人的失败妄加遣责，对自己的错误却怎么都不肯承认。

（10）意志薄弱，生性懒惰，并养成了习惯。

（11）以刚失败为借口，什么也不想干。

（12）不把计划写在纸上，因此不能分析也不能反省。

（13）主意在眼前闪现了，机会来到了，却不及时伸手抓住。

（14）只描绘美梦，什么也不去做。

（15）害怕辛苦，不肯努力。

（16）满足现状，欠缺“这也想要”、“那也想做”的大志。

（17）想走捷径，如赌博，或者期望通过投机取胜。

（18）计较他人对自己的看法和评价，害怕被批判，结果什么也不做。

1. 自己建造的房子每个人都有自私心，这是人类天赋的本性。

自私心的出发点也可以说是自爱，因为爱自己，才能保护自己免受损失和毁灭。

但是，如果任由自私心毫无节制地膨胀，则会导致人们只顾自己，不顾他人，使自己和他人对立起来，结果就会损人又损己，贻害社会，甚至使人类归于毁灭。

有个老木匠准备退休，他告诉老板，说要回家与妻子儿女享受天伦之乐。

老板舍不得他的好工人走，问他是否能帮忙再建一座房子，老木匠说可以。但是，看得出来，他的心已不在工作上，他用的是软料，出的是粗活。

房子建好的时候，老板把大门的钥匙递给他。

“这是你的房子，”他说，“我送给你的礼物。”

他惊得目瞪口呆，羞愧得无地自容。如果他早知道是在给自己建房子，他怎么会这样呢？现在他得住在一幢自己粗制滥造的房子里了。

我们又何尝不是这样呢？我们漫不经心地“建造”自己的生活，不是积极行动，而是消极应付，凡事不肯精益求精，在关键时刻不能尽最大努力。等我们惊觉自己的处境时，早已深困在自己建造的“房子”里了。

把你自己当成那个木匠吧，想想你的房子，认真地对待每天你敲进去的一颗钉，加上去的一块板，或者竖起的一面墙，用你的智慧好好建造吧！你的生活是你一生唯一的创造，不能抹平重建，即使只有一天的话，那一天也要活得优美、高贵。自己的生存状态是自己选择的结果，自己的生活是自己创造的作品。

博爱主义是引导我们建造优美人生的向导，对这一人类最崇高的理想的追求，会帮助我们给自己建造起最富丽堂皇的宫殿。博爱主义不是与自私心背道而驰的，并非是否定自私心，而是满足每个人的自私心。也就是说，当我们像为自己建造房子那样为他人建造房子时，他人也正在像为他们自己建造房子那样为我们建造房子。当人类充满着博爱精神时，我们每一个人的自私心也就得到了最大程度的满足，也正是因为如此，博爱主义才是合理的和让人所向往并为之奋斗不辍的。

2. 风吹草动

草木是不动的，除非给风吹动了。

人类常有好逸恶劳的惰性，需要推动才肯行动，因为行动需要辛劳，也会遭遇困难。

我们被迫采取行动，大概不外下列五种原因：

（1）因恐惧而行动。

（2）受人忠告、被人推动而采取行动。

（3）受感情支配而行动，如：争强好胜，自尊心作祟等等。

（4）希望获得美好远景而行动。

（5）根据事实和需要的研究而行动。这种经过思考的行动是可靠的。

谚语说："行动胜于空言。"我们要养成多做事、少说话的习惯，但是，也要清楚自己为何而行动，只有那种有根据的行动才有持久的力量。

3．越出水面的鱼

暴雨来临前，池塘里憋闷异常。

有一只红鲤鱼实在耐不住憋闷，纵身越出水面，长长地透了一口气，并在阴沉沉的池塘上方画下了一道红色的绝妙的剪影。

在入水之前，它听到从岸上传来了一句天籁般的赞美："呀，多漂亮的一条红鲤鱼。"

第一次听到这么美妙的声音，红鲤鱼激动地连拍了好几个水花：真是一件值得高兴的事，终于有人懂得欣赏我的美了。

一条又一条伙伴从它身边游过，大家吐两个水泡，算是打招呼。它们从来没有这样称赞过我，以前没有，现在没有，将来也不会有吧。

伙伴们的缺乏美感让红鲤鱼对刚才的赞美更觉得可贵，一种乍逢知己的惊喜充斥于它的内心：也许我该结识那个人。

想到这些，红鲤鱼就在水中猛游了一圈，憋足劲，闪电一般越出水面，再一次高高地出现在池塘上方。水外的世界真是很刺激，红鲤鱼有一种越过龙门的成就感，它一边享受着风拂过身体时的凉爽与惬意，一边睁圆了眼睛去搜寻那个一生难得一遇的知音。

但它只看到了一张网，一张铺天盖地的网。当那张肮脏的渔网网住它美丽的躯体时，它听到了那个一模一样的声音："哈，逮着了！"红鲤鱼就这样永远告别了生它养它的池塘。

期望得到外界的认同，这一点无可厚非，但同时应该擦亮眼睛，万不可陶醉于别人的赞美，而忽略其手中的网。

出人头地的条件

每一个人都喜欢自己有一天能够出人头地，得到世人的普遍认可和尊重。但是，怎样才能够出人头地呢？有人总结了七个前提条件：

1．要有专长。

2．足够的智慧和技能以及独特的长处。

3．设法把自己的长处和优点最大限度地发挥出来。

4．把自己全部的心思、精力、热诚、时间放在自己长处的一方面寻求发展，并坚持不懈。

5．保持目标的稳定。

6．把自己的专长和才干放在对于人类幸福有贡献的事业里。

7．满足和供给大众的需要。

从这些条件来看，我们首先要了解自己和生存的环境条件，然后立下属于自己的目标，自信自己能在这个目标上做得最好，并且为着实现这个目标积极准备和行动。这样，一旦合适的机会来临，我们的个人目标就会展显出它独特的个体人生魅力，从而，我们也就时来运转了，到了让社会和世界瞩目的出人头地的日子。

在第二次世界大战的北非战役中，为了适应军队在沙漠作战时的需要，成立了若干据点和兵站。这样，士兵在作战散失或离开部队时，可通过附近的兵站及时与部队取得联系，而不至于在漫漫无垠、一望无际的沙漠中迷失。在人生的道路上，我们也会经常遇到迷失、不知所措的情况，像是一头迷途的羔羊，肆意奔跑，却不知人生的目标何在，也不知道我们究竟真正需要的是什么。在这种陷入迷茫途径的境况中，一个有效的方法就是返回原来据点，静下心来，默默沉思，重新领悟我们人生的目标所在。

在现实生活中，每个人所需要的目标是不同的，最好在自己立下一个目标后，常常拿出来与自己对人生的新认知进行对照，检查所定目标是否正确，是否符合自己内心真正的需求。我们常说，要保持自我的本然，但是我们的本然是一个怎样的情景却是需要我们用一生努力来思考认识的东西，因为我们不是生活在真空中，我们的一切需求都是本然和后天文化的混合物。错把人文的东西当成自己的本然，往往使我们确定出与自己独特性相矛盾的目标，而对这种目标的追求就会使我们常常产生一种错位的苦恼。这里，最忌讳的就是人云亦云，鸭子过河随大流。比如，在寻找那一半时，不少人为了以此显示自己，或者也算是一种出人头地，社会时兴党员找党员，社会时兴军人找军人，而当社会时兴大款时又以对方的财富多寡作标准。最终，在风光的婚礼之后，自己在一个没有真正情感的婚姻中吞咽自己酿造的苦酒。所以，我们应当经常扪心自问，自己到底真的想要什么。金钱吗？名誉吗？权势吗？生活吗？仁爱吗？服务人群吗？快乐吗？求知学问吗？养儿育女吗？兴趣吗？享福吗？建功立业吗？自己的目标是否合乎内心的声音？是否方向错误？只有随时调整校对人生的航行方向，我们才能真正到达自己向往的彼岸。

黑人网球女将艾西亚·吉博森写过一本书，书名为《我一直渴望功成名就》。书中，她描述了自己对成功的看法：我一直想要出人头地。大概是为了这个原因，我小时候就经常离家出走，即使因此被父亲毒打一顿也不怕。这也就是我学习打网球并努力不懈的原因。其实我是最野的小妹，最不服从网球教练的指导。……我下定决心，一定要功成名就，出人头地——即使赔上生命也在所不惜。

作为一名黑人，艾西亚选择了网球作为自己赢得世人尊重的途径，正是她的这种强烈的实现自我价值的信念，使她在网球界脱颖而出，成为美国最伟大的女网球明星之一，实现了出人头地的梦想。

事实上，出人头地就是活出自己的独特性，而这种独特性是每个人都天生拥有的，我们的任务就是去发现它，认识它，欣赏它，最后把它活出来。活出来的那一天，就是自己出人头地的开始。

保持本色

有父子俩牵着一头驴子赶路，路人讥笑他们说：“瞧这两个傻子，放着现成的牲口，却不知道用它来代步！”

于是父亲骑驴。行人仍然议论他们："瞧这老头不知道疼爱幼子，自己骑驴子，让儿子赶路!"

于是父亲让儿子骑驴？但是又有人批评说："这孩子不知道敬老!"

父子俩一起骑上驴背，行人则非常惊讶地说："他们虐待动物!"

于是，父子俩停下来检讨一番，做了一个新的决定，他们把驴子捆着，父子俩抬着走。

这个小故事对我们有什么启示呢？那就是，做事固然要采纳别人的意见，但是也要有自己的主张，要相信你就是最棒的。

有一天，一个士兵骑马给拿破仑送信，由于马跑的速度太快，在到达目的地之前猛跌了一跤，那马就一命呜呼了。拿破仑接到信后，立刻写了回信，吩咐那个士兵骑自己的马，火速把回信送出。

那个士兵看到那匹强壮的骏马，身上装饰得无比华丽，便对拿破仑说："不，将军，我这样一个平庸的士兵，实在不配骑这匹华美强壮的骏马。"

拿破仑斩钉截铁地回答道："世界上没有一样东西是法兰西士兵所不配享有的。"

世界上到处都有像这个法国士兵一样的人！他们以为自己的地位太低微，别人所有的种种幸福是不属于他们的，是他们所不配享有的，以为他们是不能与那些伟大人物相提并论的。这种自卑自贱的观念，往往成为不求上进、自甘堕落的主要原因。

有一封伊迪斯·阿雷德太太从美国北卡罗来纳州艾尔邮寄来的信，讲述了她建立自信心的经过。

"我从小就特别的敏感而腼腆，"她在信上说，"我的身体一直太胖，而我的一张脸使我看起来比实际上还胖得多。我又有一个很古板的母亲，她认为把衣服弄得漂亮是一件很愚蠢的事情，并且总是照她的这个想法来帮我穿衣服。所以我从来不和其他孩子一起做室外活动，甚至不上体育课，我觉得我跟其他的人都不一样，完全不讨人喜欢。"

"长大之后，我嫁给一个比我年长好几岁的男人，可是我并没有改变。我丈夫一家人都很好，也充满了自信。他们就是我应该是却没有成为的那种人。我尽最大的努力要像他们一样，可是我办不到。他们为了使我开朗而做的每一件事情，都只是令我更加退缩到我自己建造的那个硬壳里去。我变得紧张不安，躲开了所有的朋友，甚至我害怕听到门铃响。我知道我是一个失败者，又怕我的丈夫会发现这一点，所以在每次我们出现在公共场合的时候，我都假装很开心。结果又常常做得太过，事后自己会为这个而难过好几天。最后，这种失败的苦闷以致使我觉得再也没有什么道理活下去了，我开始想自杀。”

然而，伊迪斯·阿雷德太太却最终从这种压抑中解脱了出来，是什么事情改变了这个不快乐的女人的生活呢？只是一句随口说出的话。“随口说的一句话，”阿雷德太太继续写道，“改变了我的整个生活。有一天，我的婆婆正在谈她怎么教养她的几个孩子，她说：‘不管事情怎么样，我总会要求他们保持本色。’……‘保持本色’就是这句话！在那一刹那之间，我才发现我之所以那么苦恼，就是因为我一直在试着让自己适合于一个并不适合我的模式。”

“在一夜之间我整个地改变了，我开始保持本色，我研究自己的个性，试着找出我究竟是怎样的人。我研究我的优点，尽我所能去学习色彩和服饰上的问题，尽量照能够适合我的方式去穿衣服。我主动地去交朋友，还参加了一个社团组织。这是一个很小的社团，起先，他们让我参加活动，我吓坏了，可是我每做一次发言，就增加了一点勇气。尽管从原先的硬壳中解脱出来花了很长一段时间，可是今天我所有的快乐却是我从来没有想到可能得到的。在教育我自己的孩子时，我总是把我从痛苦的经验中所学到的经验教给他们：‘不管事情怎么样，要保持自己的本色。’”

“保持本色，像历史一样的古老，”詹姆斯·高登·季尔基博士说，“也像人生一样的普遍。”不愿意保持本色，是很多精神和心理问题的潜在原因。安吉罗·帕屈在幼儿教育方面，曾写过十三本书和数以千计的文章，他说：“没有人比那些想做其他人和除他自己以外的其他东西的人更痛苦的了。”

你是这个世界上的唯一一个，从前没有过，以后也不会再有，从开天辟地一直到现在，从来没有任何人完全跟你一样，而且将来直到永远、永远，也不可能再有一个完全完全像你的人。新的遗传学告诉我们，你之所以为你，必是由于你父亲的二十四个染色体和你母亲的二十四个染色体所具有的遗传信息组合的结果，即便同是这两对染色体群，也从来不会产生相同的组合。我们就是这样被“既可怕又奇妙的基因造成的。”

我们应该庆幸我们是这样的一个唯一，应该尽量利用大自然所赋予自己的独特的一切。也就是说，归根结底，你只能唱你自己的歌，你只能画你自己的画，你只能做一个由你的经验、你的环境、你的家庭，最重要的是，由你自己独特选择所造成的你，不论好坏，你都得自己创造一个自己的小花园，你都得在生命的交响乐中演奏你自己的乐器。

爱默生在他的散文《自恃》中写道："每个人在受教育的过程当中，都会有一段时间确信：嫉妒是愚昧的，模仿只会毁了自己；每个人的好与坏都是自身的一部分；纵使宇宙间充满了美好的东西，但如果不努力你什么也得不到；你内在的力量是独一无二的，只有你知道自己能做什么，但除非你真的去做，否则连你也不知道自己真的能做什么。"

另外，道格拉斯·玛拉奇的一首诗也表达了同样的观点：如果你不能成为山顶上的高松，那就当棵山谷里的小树吧；

——但要当一棵溪边最好的小树。

如果你不能成为一棵大树，那就当一丛小灌木；

如果你不能成为一丛小灌木，那就当一片小草地。

如果你不能是一只麝香鹿，那就当尾小鲈鱼；

——但要当湖里最活泼的小鲈鱼。

我们不能全是船长，必须有人去当水手。

这里有许多事让我们去做，有大事，有小事，

但最重要的是我们身旁的事。

如果你不能成为大道，那就当一条小路；

如果你不能做太阳，就做一颗星星。

不能凭大小来断定你的输赢，

不论你做什么，都要做最好的一名。

迈克是一位年轻的公司职员。公司老板认为他做事太笨，对他的评价不好，为此，迈克常常感到十分痛苦。我们想一想：要是迈克并不知道自己的老板认为他很笨，他还会因此而不快吗？当然不会。一个人怎么会为自己不知道的事情而痛苦呢？由此看来，造成迈克精神不快的原因，并不在于上司对他的看法，而在于他自己的感觉。此外，迈克不快的原因还在于，他确信别人的看法比自己的看法更为重要。如果他认为自己并不太笨，并且通过自己的表现向老板证明了这一点，他还会因此而痛苦吗？

每个人就像宇宙中无数的天体一样，按照自己的轨迹不停地运转。然而，对于现实生活中的许多人来说，他们生活在世，却无法找到自己生活的轨迹，因为他们失去了一个人生的自我，只能按照别人的意愿而生活。他们不能控制自己的思想与情感，无法把握人生的幸福，不能保持自己的健康，不能拥有自己的现实生活。他们活得很累，也很苦，因为他们不能主宰自己。

生命属于我们每一个人，我们完全应该根据自己的意愿去生活。

亚伯拉罕·林肯曾说过："我一直认为，如果一个人决心想获得某种幸福，那么，他就能得到这种幸福。"

调整红灯心态

"康老子"是宋曲里面的人物，他把祖上留下来的万贯遗产完全败光，沦为乞丐，仅剩一条毛毯，白天披在身上当衣服，夜里盖在身上当铺盖，忍饥挨饿，饱尝痛苦，对于自己从前的行为非常后悔。有一天，一个波斯商人在街头碰见他，注意到他的毯子，发现这床毯子是用冰蚕的丝织成的，全世界没有第二条，堪称无价之宝，立即高价买了去。于是康老子又有钱了，又成为富翁了。在又一次的挥霍享受之后，他在很短的时间内花光了所有，再度沦为乞丐。可是这次他没有了毯子，冻死在街头。

这个故事让我们看到了人性中可悲的一面，意志薄弱的人会一而再、再而三地重犯以前的错误，万劫不复，直至毁灭自己。这不是由于无知，而是明知故犯，不能控制自己心里的恶念。"康老子"的故事就表现了人世间这种可怕的毁灭，充满了警告意味。这样的故事我们不可不知，也不可不懂。

美国著名的管理学家乔纳博士讲了这样一件事：我过去经常乘坐一家航空公司的班机，该公司有一个非常强的以顾客为中心的目标，即要成为"准点到达第一"。然而，围绕这一目标进行的工作却产生了相反的后果。

一天，因交通堵塞，我到达登机口时比规定的检票时间晚了一分钟。检票门已关闭，登机通道也关闭了。下一航班要在4小时以后起飞，于是我礼貌地问服务员能否把门打开，让我上飞机。他们礼貌地拒绝了。我只好坐下，飞机也停在那里。

我尽力地解释说我经常坐这班机的身份，是他们的贵宾乘客，是可以免费坐这趟班机的头等舱的。但服务员都毫不理会。

我只好继续坐在那儿，飞机也还停在那里。

我礼貌地再次恳求允许我登机，他们再一次拒绝。我感到十分恼火，却又无可奈何。这件事使他们损失了一位常客，现在除非特别需要我才会坐这次航班，而且，我把这件事讲给了所有认识的人听。

这家航空公司的目标是飞机准时起飞，达到使顾客满意，却最终向员工传达了这样的信息：达到目标比为顾客服务更重要。

全球最大、历史悠久又有很高市场占有率的复印机“巨头”施乐公司的股价一跌再跌，原来60美元的股票，现已跌到10美元，同时结束了10多年赢利的历史，进入亏损状态，市场只有80亿美元，并且背着180亿美元外债，破产在即。

据美国《商业周刊》报道：施乐的失败，在于久居龙头老大的地位，失去了警觉，从而使施乐的整个产品系列，从高档到低档，都在对手面前全线溃退。

美国《经济家》杂志指出：施乐的失败在于长期形成的官僚体制。其实，施乐早就意识到了自己企业存在的问题，几次试图进行重大改革，但是他们在有了新点子后，却没有执行这个新点子的机构。公司的官僚体制已不能自行调整，产品开发始终滞后于对手，结果在一次又一次的机遇面前失掉商机。当办公设备数字化的风潮形成之时，施乐公司如果及时把复印机纳入企业电脑网络，使用户通过电子邮件随时可复印出自己需要的东西来，就可以轻松地占领新的市场。但是，施乐公司却无动于衷，仍然停留在老一套中，没有追着这个风潮进行战略转移，这就使施乐面对不断创新的惠普等竞争对手时力不从心，只能走向无可挽回的失败了。

生活中也充满着这种导致失败的红灯心态。有一箱橘子，其中一个有一点儿烂，中年的妈妈总是要把这个差一点的吃了，如此这般的结果就是总吃烂橘子。相反，儿子却采取不同的策略，干脆让那个烂的烂透，然后扔掉，自己先选好的吃，这样就可以天天吃好的橘子了。

儿子下班回家后，立刻把所有房间的灯都打开，家里亮亮堂堂的。中年的妈妈却说："我不反对开灯，在那哪个屋开哪个灯，没有人的房间为什么要开灯?"儿子不做声，他觉得家里灯很亮就显得很温暖，黑暗的房子没有家的温馨气氛。隔壁张家外婆只点一只瓦数很小的日光灯，让4个孙子一起在灯下做功课，结果省下的电费去为孩子配上了厚厚的近视眼镜。配镜的钱比点灯的钱贵得多啦。有一个亮亮堂堂的好心情本身比节约几度电更重要。

儿子约了三位好友到红茶坊打牌，中年的妈妈知道了，又耐心地开导："一杯成本只有3角钱的泡沫红茶卖15元，4个人就是60元。你们想打牌不会到家里的客厅打？喝茶不会到家里喝吗?"

儿子回答："我们主要是喝环境。"

"环境能喝吗？即使要喝，客厅的环境也比茶坊好。"

儿子站起来拍拍母亲的肩："妈，我给你出道智力题，你现在好比在田径场上奔跑，在接近终点时，应该减慢速度呢，还是加速?"

妈妈当时的反应是——文不对题……

现实生活中有着各种各样导致失败和痛苦的红灯心态，认识不到它们是非常危险的，但是解决它们又是容易的，因为这种心态的制造者是我们自己，只要我们能不断反省、不断思考，及时发现自己的红灯心态，及时做出调整，就能使生活中的红灯转为绿灯。

保持纯真

人生是短暂的，人生最宝贵的是生命的过程。人生的轨迹是由点点滴滴组成的，这些点就是人生的瞬间。无欲无念，淡泊随意，才能使人生的每个点充满生命的意义，充满宇宙的光辉，使人生的每个瞬间都在永恒之中。

有一则故事很发人深省：前清时代有一位年轻人进京赶考，在旅店遇见一位拆字算命老先生，老先生死缠活缠要为他算命，年轻人万般无奈之下写了个“串”字交差。老先生看了看年轻人心性清净，心灵纯厚，便说你这次考试，必然连中双元。在旁边看热闹的一位纨绔子弟，很不以为然，便说自己也要算命，也写了同样一个“串”字，老先生看了看此人，再看看字，对他说：“年轻人！你不但考不中，而且有大祸患。”年轻人很不服气地问他为什么，老者说：“你有心机写串字，要在串字下加一个心字，就成为患字，你要当心，否则大祸临头。”后来前一位年轻人果然连中双元，后一位年轻人考试作弊，犯了欺君大罪被斩。

生活的道理是真实而不是虚伪，是实现而不是追逐，心中无名草愈多，愈不快乐，保持自己纯真，没有过多的贪求，自然活得会很快乐。

每个人都希望活得幸福，但却没有几个人是真正幸福的。甚至有些人已经生活在幸福中，却还是感觉不满足。明显的身在福中不知福，我深信人如果陷入无限的渴求之中，被物欲所牵制，就会被饥饿感所折磨，霎时就沦入心理生活不平衡的困窘状态。

有一位朋友，在事业上已经取得了相当的成就，有一次，在闲聊时他对我说：“回想前尘往事，在年轻时，虽然受了很多苦，工作的压力也很大，但心情是开朗轻松的，心中充满对未来的希望。现在生活富裕了，没有经济压力，但是生活得很烦，心里没有一刻歇息，压力很大，我失去年轻时跟朋友登山野炊的兴致，失去和朋友闲聊的心情，也很少与朋友毫无顾忌地说些真心话，我取得成就，但生活却被成就包围起来，围困住了，成了令人窒息的小世界。”

听完他的话，我感触很深，我知道很多人的情况跟他一样，我分析之后建议他：“把该休息的时间腾出来，放下架子，让自己能够摆脱利害关系的罗网，去和你过去游山玩水的朋友一起接近大自然，担子不能总是挑在肩上，歇息是为了走更远的路；要放下漫无边际的追逐之心，代之以现实的经营管理；持续的追逐令你匮乏。”我告诉他一个真理：“心随境转则烦，境随心运则悦。”如果使心役于外物，心境自然快活起来。

人必须懂得洗涤心中的感情，欲望强则容易使人走极端，有几分清静就有几分自在的创意。

科学的冒险法

冒险是一种创新性和创造性的行为实践过程。它是人们为了实现某种既定的目标，在对客观事物正确认识的基础上，为获得预期的成果而实施的具体行动。受客观和主观条件的制约，必然带有极大的风险性。

冒险要具有精神、物质、智能、社交等多方面的雄厚实力基础。在具体实践过程中，不但会遇到难以预料的各种困难和阻力，而且存在着强劲如林的竞争对手。因此，冒险行为决策可能是有效的，也可能是无效的。冒险行为实施结果，有可能实现既定的目标，也有可能不能实现既定的目标；成功与失败共同存在于客观冒险实践中。

有冒险实践的活动，就有风险的存在。冒险具有极大的风险性，这是任何人都不可否认的客观事实。任何冒险都是不以人们的主观意志为转移的，人们不能改变它，也不能回避它。但是，人们完全可以认识它，掌握它，利用它。要想事业成功，就必须树立起强烈而积极的冒险意识，强化冒险观念，全面地正确地认识冒险的意义，正确掌握冒险的方法，使消极的因素转化成为积极的因素，促进成功事业的顺利发展，实现既定的成功目标。

冒险可以激励培养我们成功的精神实力，积累物质实力，开发潜能实力，建立社交实力，充分利用实力；促使我们调动一切积极因素，保证事业实践行为的有效性，免遭失败；使我们在实践中立于不败之地，实现既定的成功目标。

冒险督促我们积极挖掘成功的凝聚能量，为实现既定的目标创造有利条件。我们就不得不挖掘凝聚能量，使尽全身解数，专心致志地投身于客观实践活动中。冒险会使我们经常居安思危，充分利用精神、物质、智能、社交等各种实力，使人尽其才，物尽其用，智尽其能，财尽其功，有效发挥实力的巨大作用。

在我们追求成功的过程中，一定要勇于冒险，抓住有利时机，充分发挥和利用各种成功冒险的实力，采用科学的冒险方法，当机立断，立即行动，严格执行冒险计划，有效利用时间，努力完成每天的工作任务，沿着既定的事业冒险目标勇往直前，百折不回，走向成功之路，实现成功目标，获得物质和精神财富，达到成功目的。

冒险会随时提醒我们，坚定成功必胜的信心，培养、开拓成功冒险的勇气，强化克服困难和排除阻力的意志。冒险促使我们掌握有利时机，充分利用各种实力，推动我们尽快实现既定的目标，获得预期的成果。

冒险不是盲目草率的行为，不是瞎闯，不是蛮干，不是随心所欲，而是有目标、有计划方案、有实施方法和步骤的实践活动。冒险必须建立在对客观事物正确分析判断的基础上，采用科学的冒险方法，否则，就无法实现成就事业的目标。

1．明确目标

在进行冒险行为之前，一定要明确冒险目标，没有目标，冒险行为就没有方向，就会造成行为的盲目性，导致行为的无效。

明确目标要从主观和客观的实际情况出发，根据自己精神、物质、智能、社交等综合实力的具体情况，在对客观事物科学认识和正确分析判断的基础上，确立合情合理合乎实际和便于实现的事业目标，确立的事业目标不要过高或过低，以免遭受失败和不能充分发挥主观能动性。基本原则是既能充分利用自己的实力，又能尽快达到成功的目的。

2．科学决策

任何事情在作行为决策时，要以科学的态度，正确认识客观事物。运用逻辑和形象思维的方法，对冒险行为决策进行分析、判断、推理、比较、综合、概括，对行为决策的可行性和现实性进行科学论证，得出能否实施冒险行为和实现成功目标的正确结论。如果对冒险行为没有科学的分析判断能力，就必然要失败。

3．机动权变

任何一种事业冒险行为都存在着成功与失败的可能性，为了避免失败和达到成功的目的，冒险必须采用积极的成功应变策略。

要根据客观事物发展的实际情况，恰当及时地调整计划，修订方案，选用技巧、方法、方式，力求有备无患。在主观和客观条件使我们力不从心和无法扭转失败的局面时，必须终止冒险行为，放弃既定的冒险目标，以免造成各种难以挽回的损失。

迟疑不决导致失败

一份分析2500名尝到败绩滋味的男女报告显示了，迟疑不决几乎高居31种失败原因的榜首。

决心的反面即是拖延，拖延是每一个人必须征服的公敌。

一份分析数百名百万富翁的报告显示，这其中每一个人都有迅速下定决心的习惯。而累积财富失败的人，则毫无例外地遇事迟疑不决、犹豫再三，就算是终于下了决心，也是推三阻四、拖泥带水，一点也不干脆利落，而且又习惯于朝令夕改，一夕数变。

亨利·福特最醒目的特征之一，即是有迅速达成决定的习惯，而且改变初衷会慢慢来。福特先生的这一项特质出名到背上顽固的骂名。也就是这一特质使得他在所有顾问的反对下，在许多购车人力促他改变之下，仍一意孤行，继续制造他有名的T型车（世界上最丑陋的车）。

也许福特先生在改变这一项决定的时候拖了很久，但是故事的另一面反过来说，正是他的坚定不移为他赚得了巨额财富。这些财富早在T型车有必要改变造型之前，已使他成为汽车大王。无疑地，福特先生决心之坚定，已几近刚愎自用的程度，但是这份特质还是比迟疑不决又朝令夕改好得多。

没能累积财富满足所需的人大多有个毛病，就是耳根子软，容易受人左右。他们任由报章杂志和街谈巷议来替自己思考。要知道，每个人都有一箩筐的看法，随时准备加诸于接受的人身上。如果你下决心的时候受人左右，做哪一行都不会有所作为，要化渴望为金钱，尤为不易。

如果你任由他人的意见来左右你，你就没有自己的渴望。

亲戚朋友总是在无意之中，借着“意见”和偶尔的嘲弄取笑别人，本意或许是幽默，结果则不然。千百位男女身怀自卑情结终其一生，只因为某位本意不坏、却有欠考虑的人，借着“意见”嘲弄讽刺，摧毁了他们的自信。你有自己的头脑和心智，要好好运用，自己做决定。

为了要提醒你自己遵守和奉行这一忠告，最好将如下警语抄写在天天看得见的地方，这会裨益不小：“让全世界的人知道你打算做什么，但是要先做出一点成绩展现出来。”

不断进取超越自我

成功只能说明过去，保持不败只能依靠不断地进取。

在法国的一个著名公司，有两个人在争夺第一把交椅。一个是当时的第二号人物，一个是第四号人物。第二号人物当时业绩辉煌，他确信凭自己的成绩担任总裁毫无问题，没有必要去进行任何竞选活动。而此时那位本来处于劣势的第四号人物，除了积极工作外，还聘用了一位公共关系专家，到处活动、演讲，拜访公司下属的地区分部经理，和每个董事详谈，与董事长亲近。谈话中的侧重点并不放在以往的业绩上，而是极力描述如何开拓更美好的公司前景。最终，他战胜第二号人物赢得了总裁之争的胜利。

这个故事告诉我们：在当今这个充满竞争的社会里，唯有不停地进取，才可能有立足之地。

任何时候，只要你一满足，就等于你对自己发出了一条“停止前进”的命令。

任何时候，成绩只能说明过去，过分注重老本，用以往的成绩说话，远没有未来的工作计划更有分量。

现实生活中，有很多人一旦获得了一点成绩，就开始沾沾自喜，沉湎于现状裹足不前。

超越自我就是要不断进取，实现新的目标。

曾经有一则禅宗故事：一个年岁已高的僧人，在烈日下面做工。一个路人突然问僧人：“师父，你多大年纪了？”僧人回答说：“今年刚满 70 岁。”路人又问他：“既然这么大年纪了，为什么还做这么累的工作？”老僧人回答说："因为我存在。"路人又说："又何必在太阳底下做工呢?"僧人回答说："因为太阳存在。"

老僧人的话似乎有点深奥，但却说明了一个最浅显的道理：既然生命不息，就应该不断进取，超越自我。而老僧人自己，也是以一种非常平实的方法在不断超越自我。

当你创造了财富后，应该不断地超越现在，获得更多的财富。当你在事业上获得成功后，也应该不断地超越现在，获得更多的成功。在人生道路上，无论处于什么阶段，都不应该裹足不前，不能安于现状。

挖掘潜力

潜力是自己没有发现的潜在资源。

一家商店的生意十分清淡，员工也是无精打采，经理也总是捣鼓着手里的半导体。

偶然的一次，他听到了一则名人成功的故事。那天，他整整想了一个晚上。第二天，他似乎变了个人一般，动手整理了长年使用的椅子，将店内的陈设重新布置，擦净了灰闬闬的玻璃，货物也都放得相当整齐。之后的情况是，他的顾客越来越多，他的生意越做越大，他成了个大忙人，每天匆匆忙忙地奔波着。

曾有这样的一个故事。一辆汽车眼看着要翻倒，而旁边一个小男孩在正专心致志地搭积木。这惊心动魄的一幕被小男孩的母亲看在眼里，这位母亲一个健步冲到小汽车旁，那速度简直连刘易斯也无可比拟，她用双手、肩膀托住汽车本身。奇迹发生了，这样一个背着 40 斤白面就会气喘吁吁的女人竟托住了庞大的汽车，而他的孩子此刻才意识到危险。

我们每个人也许正和这位母亲一样，体内蕴藏着无尽的潜能，只是我们尚未到爆发的那一刻。其实我们也不需要爆发，我们只要慢慢地挖掘，慢慢地享用。

一个人如果总觉得自己低人一等，如果总觉得自己能力不足，总觉得自己无足轻重，那么，尽管他实际上非常有能力，尽管他实际上非常有才华，他也是低人一等的。因为思想决定行动，他的思想已给他的行动埋下了不良的种子。

相反的，如果一个人对自己的能力非常有信心，他确实也有这个能力，那么，他的确已经离成功不远了。

一个人要想赢得别人的尊重，那么他首先要尊重自己，只有自己尊重自己，别人才有可能尊重你。

天道酬勤

懒惰的人总是抱怨自己无能，从而连自己家人的温饱问题都解决不了；而勤奋的人却说，“我没有什么天资，只会拼命干活换取面包。”

古罗马皇帝在临终时，给罗马人留下这样一句遗言：“勤奋工作吧。”当时，他的周围聚满了士兵。

罗马人有两条伟大的箴言，那就是“勤奋”与“功绩”，这也是罗马人征服世界的秘诀。那时，任何一个从战场上胜利归来的将军都要走向田间。那时在罗马，最受人尊敬的工作就是农业生产。正是全体罗马人的勤奋，终于使这个国家逐渐变得富强。

但是，当财富和奴隶慢慢增多时，罗马人开始觉得劳动变得不再重要了，于是，懒散导致罪犯增多、腐败滋生，这个国家开始走向衰败，一个伟大的帝国就这样消失了。

许多似乎立刻就要成功的人在别人眼中，似乎应该成为一个非凡的成功者，但事实上，他们都没有做到。这是什么原因呢？就是因为他们没有为成功付出相应的代价。他们渴望抵达辉煌的顶峰，但却不愿跨过艰难的山路；他们不愿参加战斗，却又想获得胜利；他们不愿遇到阻力，却又希望一切顺利。

勤奋工作吧！只有勤奋工作，你才可能获得成功、财富与荣誉。不要因为遇到困难就打退堂鼓，更不要因此就敷衍了事。勤奋将指引你越过所有的艰难险阻，直到成功。勤奋工作将给你带来机会，因为任何一个老板都会赏识勤奋工作的员工，这是一种值得任何人尊敬的美德，走到哪里，它都会为你增光添彩。

不要贪图安逸，因为这只会让你变得堕落，只会让你退化，只有勤奋工作才是高尚的，它将带给人生真正的乐趣与幸福。当你明白这一点时，请立刻改掉你身上的所有恶习，努力去找一份适合你的工作，你的境况将因此而改变。

懒惰、好逸恶劳乃是万恶之源，就像灰尘可以使铁生锈一样，懒惰会吞噬一个人的心灵，可以轻而易举地毁掉一个人，乃至一个民族。

有些人终日游手好闲、无所事事，无论干什么都舍不得花力气、下工夫，但这种人的脑瓜子可不懒，他们总想不劳而获，总想占有别人的劳动成果，他们的脑子一天到晚在盘算着如何掠夺本属于他人的东西。正如肥沃的稻田不生长稻子就必然长满茂盛的杂草一样，那些好逸恶劳者的脑子中就长满了各种各样的“思想杂草”，并时时折磨他们、戏弄他们。

尽管在这个社会上，有许多卑鄙的懒虫极满足于白吃白喝，并以大肆挥霍、浪费为荣，但那些稍有头脑、有抱负、有良知的人们毫无疑问会鄙视他们。这些堕落的“贵族”与他们自己享有的尊贵荣誉完全不相符合，他们早已成了行尸走肉，已经不具有良知和人性了。

寻找人生中的亮点

拉链大王吉田忠雄说：如果我们撒播善的种子，那么，通过循环善还会归还给我们。

一位禅师散步归来，在皎洁的月光中，他看到自己的茅屋正遭小偷光顾。找不到任何财物的小偷要离开的时候，在门口遇见了禅师。

当小偷正感到惊愕的时候，禅师却说：“你走老远的山路来探望我，总不能让你空手而回呀！夜凉了，你带着这件衣服走吧！”说罢，就把衣服披在小偷身上。小偷不知所措，低着头溜走了。

禅师看着小偷的背影消失在山林之中，不禁感慨地说："可怜的人呀！但愿我能送一轮明月给他。"

第二天，禅师看见那件外衣整齐地叠好，放在门口，喃喃地说："我送了他一轮明月！"

一颗慈善的心往往不只是制止或改变了一种行为，更重要的是感化了人的灵魂。

容忍别人对自己所犯的过错，不记仇，别人必然以自己的一技之长来报答你。宽大自己的仇人，有些仇人一旦良心发现，必会找机会以各种方式相报，原因在于你不记他的过错，给他以希望，他要报恩的情感存于胸中。所以一旦他的能量、才技被发挥出来，就能干一番大事业，对己对人，对社会都是一大贡献。

宽容豁达是一种超脱，是自我精神的解放，人要是整天被名利缠得牢牢的，把得得失失算得清清楚楚的，那还如何谈宽容豁达呢！宽容豁达就要有点豪气，乍暖还寒寻常事，淡妆浓抹总相宜。凡事到了淡，就到了最高境界，就是天高云淡，必然一片光明。人肯定要有追求，但追求是一回事，结果又是一回事。请记住一句话：事物的发生、发展都必须符合时空条件，如果条件不符，那你就得认了。人活得累，是心累，常唠叨这几句话就会轻松得多，"功名利禄四道墙，人人翻滚跑得忙；若是你能看得穿。一生快活不嫌长"。与其悲悲戚戚、郁郁寡欢地过一辈子，不如痛痛快快、潇潇洒洒地活一生，难道这不好吗？

总盯着别人弱点看的人，他的心理一定也是阴暗的。为什么不用你那颗富有弹性的心去寻找一些人性中的亮点呢？

找到人生坐标

每个人都是一个财富的仓库，只不过你没有发现而已。

有两个人，一个是体弱的富翁，一个是健康的穷汉，两个人相互羡慕着对方。富翁为了得到健康，乐意让出他的财富；穷汉为了成为富翁，随时愿意舍弃健康。

一位闻名世界的外科医生发现了人脑交换方法。富翁赶紧提出要和穷汉交换大脑。其结果，富翁会变穷，但能得到健康的身体；穷汉会富有，但将病魔缠身。

手术成功了。穷汉成为富翁，富翁变成了穷汉。

但不久，成为穷汉的富翁由于有了强健的体魄，又有着成功的意识，渐渐地又积累起了财富。可同时，他总是担忧着自己的健康，一感到轻微的不舒服便大惊小怪。由于他总是那样担惊受怕，久而久之，他那极好的身体又回到原来那多病的状态中，或者说，他又回到以前那种富有而体弱的状态中。

那么，另一位新富翁又怎么样呢？

他总算有了钱，但身体虚弱。然而，他总是忘不了自己是个穷汉，有着失败的意识。他不想用换脑得来的钱建立一种新生活，而是不断地把钱浪费在无用的投资里，应了“老鼠不留隔夜食”这句老话。钱不久便挥霍殆尽，他又变成原来的穷汉。然而，由于他无忧无虑，换脑时带来的疾病不知不觉地消失了，他又像以前那样有了一副健康的身子骨。最后，两个人都回到了原来的模样。

做人永远是做自己最好，别太羡慕别人。因为每个人都有自己的优势，也许自己有的，他人却没有。而成功与否也不在于你是谁，只要努力了，你也能成功，能够取得向往的一切。

有人常常感叹世道不公，为何自己囊中空空，但仔细想一想，如果给你换掉大脑，你是否最终仍会回到原来的模样。

你永远是自己，不会因为什么而改变。如果你彻底明白了这个道理，就可能成为真正的富翁！

金无足赤，人无完人。但是每一个来到这个世界上的人都有一个属于他自己的位置，即有些人所说的人生坐标，谁在最短的时间内找到了自己的人生坐标，谁就取得获得成功的优先权。

半杯水，有人看到的是空的那一半，有人看到的则是有水的那一半。我们当然不能糊里糊涂地把半杯水看成一杯水，但更不应该只看到那空的一半。在因严重缺水而生命垂死的情况下，“只有半杯水”和“还有半杯水”这两种不同的信念，甚至可以决定一个人的生死。对一个人的认识和评价正是如此，积极而正确的评价可以给一个人巨大的前进动力，而消极的评价尽管也符合事实，则往往使人失去奋斗的勇气和生活的乐趣。因此，不论对自己还是对他人，我们都要尽可能地把人最好的一面挖掘出来。

我们识人辨人，当然不排除对他人不足之处的了解，但主要还是把他人、同时也把自己最好的一面挖掘出来。这样，我们才能更好地激励自己和他人，更好地相互学习，更好地与人相处。

第三章　让梦尽快成真

良好的应变能力创造财富

成功的最佳目标，不是最有价值的那个，而是最有可能实现的那个。

要想获取财富，首先应该看到哪些财富离你最近，哪些财富最易争取。只有握在你手里的钱才算你的财富，不在你的手里，只能算是理想。理想和财富所不同的就是：理想也许人人都有，财富不是人人都有。

有几个人问商界的一位成功人士："什么是成功？"

成功人士说："我先问你们一个问题，某地发现了一座金矿，人们都争着开采，可有一条大河挡住了去路，你们怎么办？"

有人说："我要想一切办法尽快地绕过河去。"

另有人说："我想用最快的速度游过河去。"

成功人士说："如果换了我，我就买几条船开展营运，先马上赚取你们的过河费，开发金矿是大家都争着去做的事，但我想这毕竟是后面的事。"

成功之道就是在他人不曾想起的，或是没有人去从事的地方获取财富。财富无论多少，只要能先得到它，就算成功了。以后可能属于你的再多，也不如现在有一样真正属于你的好。无论大财与小财，只要能马上争取到手，就不要放过，不要因小而不求。大财富的主要形成是靠小财富的不断积累。发横财的人永远是少数。当你只对钻石感兴趣时，很可能连一块本应属于你的石头都得不到。人似乎都有点儿贱毛病，轻易能得到的东西，一点儿也不重视，反而对那些渺茫的希望，却工作得非常认真。

一位妈妈给三个孩子分梨。第一个孩子对眼前的小梨不屑一顾地说："妈妈，我过去吃的梨都是大的，非常好吃，这小梨我不要。"第二个孩子对眼前的小梨更不感兴趣，望着小梨犹豫着。他妈妈对第三个孩子说："如果你现在不要这个小梨，三天后，可以得到三个大梨。"第三个孩子欢呼跳跃地放弃了现实中这个小梨，沉浸在三天后能得到三个大梨的喜悦之中。他开始高兴地等待着三天后的到来，描述着未来将拥有更多梨子的快乐。三天很快过去了，妈妈给他端来三个梨，可是梨子已经放烂了，不能吃了。第三个孩子傻眼了。妈妈笑着说："如果你不要这三个烂梨，一个月后，我可以给你一筐梨。"孩子问："也是烂的吗?"妈妈说："无法预料。因为未来的事情只能到那时才能揭晓。"孩子受到启发："从现在这三个烂梨看，一个月后也只能是一筐烂梨，我不要这些烂梨了，您还是给我一个能吃的小梨吧!"妈妈说："没有了，因为三天前，你已经失去了得到小梨的机会。"孩子懊悔不迭。妈妈最后说："我就是想让你们通过这次分梨，明白人生的道理。回忆过去和憧憬未来，都不如把握现在重要。"

孩子们都明白了妈妈含意颇深的教诲。这三个孩子以后都成为美国大亨。大孩子成为汽车大王亨利·福特。好多年以后，亨利·福特自豪地说："是妈妈告诉我怎样经营一生。"

很多人都把理想和美好的憧憬寄托在未来，对现实却很淡薄和不重视。未来并不神秘，只不过是现实的延续。只有积累更多的美好现实，才能有更辉煌的未来！没有积累的人，没有美好的未来；美好的语言可以描述未来，切实的行动体现在现在。所以，每个人都应脚踏实地做现实的事情，这样才能让美梦尽快成真。

成功的最佳目标，不是最有价值的那个，而是最有可能实现的那个。

换一种思路想问题

不同的思维会带来不同的结果。

目前，许多事情已不按常规操作，且变化得有些离谱。有人说：如果应对不了这种变化，几乎在世上无法存活。

有一家效益相当好的大公司，为扩大经营规模，决定高薪招聘营销主管，广告一打出来，报名者云集。

面对众多应聘者，招聘工作的负责人说："相马不如赛马，为了能选拔出高素质的人才，我们出一道实践性的试题：就是想办法把木梳尽量多的卖给和尚。"

绝大多数应聘者感到困惑不解，甚至愤怒：出家人要木梳何用？这不明摆着拿人开涮吗？于是纷纷拂袖而去，最后只剩下三个应聘者：甲、乙和丙。

负责人交代："以 10 日为限，届时向我汇报销售成果。"

10 日到。

负责人问甲："卖出多少把？"答："1 把。""怎么卖的？"甲讲述了历尽的辛苦，游说和尚应当买把梳子，无甚效果，还惨遭和尚的责骂，好在下山途中遇到一个小和尚一边晒太阳，一边使劲挠着头皮。甲灵机一动，递上木梳，小和尚用后满心欢喜，于是买下一把。

负责人问乙："卖出多少把？"答："10 把。""怎么卖的？"乙说他去了一座名山古寺，由于山高风大，进香者的头发都被吹乱了，他找到寺院的住持说："蓬头垢面是对佛的不敬。应在每座庙的香案前放把木梳，供善男信女梳理鬓发。"住持采纳了他的建议，那山有十座庙，于是买下了 10 把木梳。

负责人问丙："卖出多少把？"答："1000 把。"负责人惊问："怎么卖的？"丙说他到一个颇具盛名、香火极旺的深山宝刹，朝圣者、施主络绎不绝，丙对住持说："凡来进香参观者，多有一颗虔诚之心，宝刹应有所回赠，以做纪念，保佑其平安吉祥，鼓励其多做善事。我有一批木梳，您的书法超群，可刻上'积善梳'三个字，便可做赠品。"住持大喜，立即买下 1000 把木梳。得到"积善梳"的施主与香客也很是高兴，一传十、十传百，朝圣者更多，香火更旺。

把木梳卖给和尚，听起来真有些匪夷所思，但不同的思维，不同的推销术，却有不同的结果。在别人认为不可能的地方开发出新的市场来，那才是真正的营销高手。

若按常规思维，想把木梳卖给和尚还要赚大钱，简直是天方夜谭。但若换一种思路，充分利用和发掘应变能力，就可以从"不可能"中挖掘出有利商机。可以说，良好的应变能力也是创造财富的能力，带给人的总是一片灿烂的空间。

重复对方说过的话

重复对方说过的话是与他有效沟通的润滑剂。

一个大老板管理员工头头是道，可是却怎么也管不住自己的儿子，直到有一天，他试着重复儿子说过的话后，一切有了改变……

李先生，是一个经营出口加工厂的老板，工厂有五六百名员工的规模，由于自身积极地投入，不管是在业务上或是在管理上，均有相当的成效，在运筹帷幄间，指挥若定，威风八面，宛如领军千万的大将，好神气。

可是，他就是对他儿子没办法，他们父子俩之间的那条鸿沟，怎么样也无法跨越，每次一见面，没讲三句话，不是拍桌就是摔门，弄得家里鸡飞狗跳。

有一天，又是因为儿子的晚归而再度上演铁公鸡，就在双方面红耳赤之际，儿子突然间就住了口，然后一字一字地说出："爸，再这样吵下去也不是办法，我能不能请你把我刚刚说的那句话说一遍给我听？""啊?!"李先生真的吓了一跳，压根儿也没想到有这怪招。"你说……你说……做父亲的太能干，当然看不起儿子。""不对！你再想想看，我是这么说的吗？""浑小子！那你怎么说的？你自己说过的话，你自己为何不再说一次？"

儿子突然间笑出声，"你看！从头到尾，我说什么你都没有在听，那些话是你自己想的，我可没这么说。我们不是要沟通吗？那么，我说什么，你重复一次给我听，再轮到你说，我来重复"，"喂！哪有那么多时间在那边重复来重复去!! 你是真的想气死我啊！""爸！我们就试试看吧！否则这种争吵会没完没了的，你再想一想我到底是怎么说的？"李先生想一想，终于承认，"我真的想不起来，你再说一次好了"。"好吧！我说，父亲很能干，儿子一方面很佩服，一方面怕自己跟不上，心里多少有点压力。"

李先生冷静一想，他说的合情合理，自己怎么会那么激动？结果，这天晚上，他们父子俩竟然可以谈上两个小时而不吵架，这个效果连李先生也意想不到。一觉醒来，虽然睡眠不足，但李先生可是神清气爽，一大早就到公司。

因为早上要开一个重要的采购会议，讨论的是未来所要采购价值一千万的机器，到底要用美国货好、还是日本货好。依采购部的报价，日本制的价格便宜，东西也不差，可是工程师却主张买美国货。会议场上，李先生让总工程师发表意见，这是一种表面上的礼貌，总工程师也知道，做老板做久的人，多少喜欢独断独行，什么事情早就心有定见，经验告诉他，老板问他只是个形式，谁不想省钱？老板要买哪一种大家早就心知肚明，因此他无精打采，说不到五分钟就说没意见了。

若是往常，李老板总是会在这个时候大唱独角戏，享受那种权威感，今天竟然是……“总工程师，我来重复你的要点，你看我说的跟你的意思一不一样。日本制的机器，价格虽然便宜，东西也不错，可是将来如果出了毛病，要他们来做售后服务，问题就来了，他们的人因为语言问题无法跟我们直接沟通，找来的翻译对精密仪器又是外行，机器坏在哪里，我们无法充分了解，下次再发生一样的问题，还是要请他们的人来，说不定还会耽误生产时间，如此算下来，买美国货还比较便宜！”

随着李老板的重复说明，总工程师眼睛渐渐亮了起来，他打起精神，再次补充，就这么你一言我一语的，大家滔滔不绝的讨论了起来……

各位，如果是要吵架，彼此只顾着反击对方就好了，如果是要解决问题，就应该诚心去理解对方的想法，那么，重复对方的话，一方面可以让对方放心，知道你们之间没有误解，另一方面，也可以让你在反击或下结论前，把对方的意思消化一下，通常，这时你会发觉，吵架不再是吵架，而是积极的沟通了。

为善的本质

启发伙伴的自觉与负责任，是帮助组织与团体成长的绝对关键要素。

有位善心的富翁，盖了一栋大房子，他特别要求营造的师傅，把那四周的屋檐建得加倍的宽以使穷苦无家的人，能在其下暂时躲避风雪。

房子建成了，果然有许多穷人聚集在屋檐下，他们甚至摆起摊干起买卖，并生火煮饭。嘈杂的人声与油烟，使富翁不堪其扰，不悦的家人也常与寄在檐下者争吵。

冬天，有个老人在檐下冻死了，大家交口骂富翁的不仁。

夏天，一场飓风，别人的房子都没事，富翁的房子因为房檐特别的宽，居然被掀了顶，村人都说是恶有恶报。

重修屋顶时，这次富翁只要求建小小的房檐，富翁把省下的钱捐给慈善机构，并另外盖了一间小房子。这房子所能庇荫的范围远比以前的房檐小，但四面有墙，是栋正式的房子。

许多无家可归的人，也都在其中获得暂时的庇护，并在临走前，问这栋房子是哪位善人捐盖的。

没有几年，富翁成了最受欢迎的人。即使在他死后，人们还继续受他的恩泽而纪念他。

为什么同样的善心，却有那么大的不同？

故事中富翁的一片善心，从被认为是为富不仁、恶有恶报到变成是最受欢迎的人，这中间的变化是什么因素造成的呢？是大房檐与小房子的差别吗？还是其中的用心有什么不同？是什么原因让富翁被责备为富不仁、恶有恶报？又是什么原因让富翁被感激与纪念？

答案在：门。

寄人檐下的感觉和生活在独立房子中的感觉不同！你知道生活在富翁的大房檐下，那些穷苦的人们会得到哪些感受！而生活在独立受尊重没有比较的房中，那些穷苦的人们又会有哪些感受！

在组织或团队中，什么样的状况是等同于寄人檐下？事事都要依靠你？不放心同仁处理事情？常常要看脸色办事？以防弊为基础设立的运作结构？还是……什么样的状况是有独立的空间？给予清楚的目标？规范内自主，给予做事的空间？还是以核心价值交付责任，启发能力与成长？还是以远景、使命激发自觉与承担？还是……

妈妈什么事都安排好，小孩子无法独立，主管什么事都能干，部属不负责任。“屋檐”伸太长，一片好心变成为富不仁，“独立小房子”却变成最受欢迎的人，这中间的差别值得我们深思！

为善的本质是什么？领导最终的目的是什么？为善与领导共通处又是

什么？只是解决眼前的问题？还是协助人独立站起来，还他一个真真实实的人呢？

所以领导，不能只是注重事情表面的完成，也不止于问题的解决，更重要的责任是：启发同仁伙伴的能力，还给同仁与伙伴一个真真实实的人，要当教练不是当主管。

启发伙伴的自觉与负责任，是帮助组织与团体成长的绝对关键要素。对此，你有什么新决定？你的做法又将会是什么？在组织与团队领导的过程中，如何协助同仁的成长？如何陪伴伙伴们渡过困难的考验？如何扶助外围的朋友面对问题的挣扎？怎么做才能真正地帮助他们？

是事事都非要靠你不可，才能解决问题？是你设立了机制让他独立处理？还是你培育他们能力，让他们可以为自己负责？这其中，最关键的因素是什么？

做自主坚强的人

不要让别人的态度来决定我们自己的行为。

有一个人和朋友在住家附近的商店买东西，临走的时候他礼貌地对店员说了声："谢谢！"但那店员却板着一张脸，没有理会。

他们走出商店时，朋友说："那家伙服务态度很差。"

这人对朋友说："他每天都这样。"

朋友说："既然他每天都这样，那你为什么还对他那么客气呢？"

这人回答："为什么我让他的态度来决定我的行为呢？"

说得多好的一句话呀，"为什么我要让他的态度来决定我的行为呢？"能做到这一点的人，一定有着宽阔的胸襟，一定有着一颗博大的容人之心，也一定是一个自主而坚强的人。

然而，生活中这样的人并不多见。多数人习惯于在受到别人的冷遇时，以冷遇来回报别人；习惯于在遭到别人的侮辱时，以侮辱来回击别人；习惯于在遭遇不公时，以不公来回敬社会。他们把自己的以牙还牙的"反应"

视为理所当然，根本没有想到，自己这样做，其实是在被别人牵着鼻子走。以冷遇回报冷遇，以侮辱回击侮辱，表面上看是对等了，公平了，内心也可能得到了平衡，然而，说到底，我们这是在依照别人的态度来决定自己的行为。我们已经在不知不觉中交出了对自己的心态和行为的主宰权，心甘情愿地做了别人的态度的“奴隶”！

生活中有阴暗，但我们要保持自己的光明；生活中有卑鄙，但我们要保持自己的高尚；生活中有虚伪，但我们要保持自己的真诚；生活中有冷酷，但我们要保持自己内心的热情。他人的无理，不应该成为我们也可以无理的理由；他人的卑鄙，不应该成为我们也可以卑鄙的借口。以牙还牙的行为，不仅使我们沦为他人态度的奴隶，而且，也必会将我们降格为与对方一样的小人。

做自己的心态和行为的主宰吧，不管我们自己受到了怎样的冷遇，始终都要以诚待人以德待人，将我们内心的友善投射到周围。

扮演好自己的角色

好好扮演你的角色，这样，你想成为何等的人物，就能成为什么样的人。

其实，对所有的问题自己比谁都清楚，却不肯认真去面对，去替自己做决定，这才是我们最大的问题！

现代人最大的愚蠢，就是将可以自主、可以免除的烦恼，偏偏非理性地让自己成为奴隶。常常不是过分地依赖别人，就是盲目地趋从于鬼神。许多人相信头顶上有一种神秘的力量，它才是命运的主宰。于是呢，一遇到问题就求神问佛，或求助于星相占卜。

然而，这种“盲从崇拜”是非常可悲的，就因为你无法做自己的主人，才会委身向神秘的事物屈降、臣服，甘愿被牵着鼻子走，而这点也正是许多人常被欺骗的原因。

此外，因缺乏自信而去求助算命的人也好不到哪里。如果没算准，反而会让人六神无主；而算准了，则会让人越来越依赖算命，对自己的自信也越来越薄弱，终至事无论大小都要算过才敢去做。难怪有人说："命会越算越薄。"

他们忘了，其实生命中真正的主宰——就是自己。自己就是决定好运、坏运，或是否会倒霉的人；自己也是唯一能决定要怎么活的人。

命运，简单地说，就是自己行为的结果。自己就是生命的导演、制作人、编剧兼演员，甚至是观众及剧评家。

试想，我们的行为、举止不都是自己导出来的？所有的剧本、对白不也是出自我们自己的脑子吗？

没错，不论成败好坏，都是自己一手促成的。如果我们把自己的命运交给别人，推到别人身上，或是希望别人来为自己做决定，这不是很可笑吗？

生活可以价值极高，也可以一无是处，随你怎么去选择。在失败面前，你需要重新选择。人生充满了第二次选择的机会，问题不在于你选择新的方法，还是新的目标，在于你能否认识这种机会，并且勇敢地采取行动。

发明家爱迪生曾长期埋头于一项发明。一位年轻记者问他："爱迪生先生，你目前的发明曾失败过一万次，你对此有何感想？"爱迪生回答说："年轻人，因为你人生的过程才起步，所以我告诉你一个对你未来甚有帮助的启示。我并没有失败过一万次，只是发现了一万种行不通的方法。"

爱迪生发明电灯时，共做了一万四千次以上的实验。他发现许多行不通的方法，但还是继续下去，直到发现了一种可行的方法为止，他证实了大射手与小射手之间的唯一差别：大射手只是一位继续射击的小射手。

除非你放弃，否则你不会被打垮。伟大的希腊演说家德模生来就口吃和害臊羞怯。他父亲留下一块地，想使他富裕起来，但是希腊的法律规定，他必须在声明土地所有权之前，先在公开的辩论中战胜所有人才行。口吃加上害羞使他惨败，结果丧失了这块土地。从此，他发奋努力，创造了人类空前未有的演讲高潮。历史上忽略了那位取得他财产的人，但一连好几个世纪，世界各地的学童都在聆听德模的故事。不管你跌倒多少次，你的选择是爬起来，你就不会被击垮。

英国一位著名牧师尤金布莱斯曾说："避免失败是轻而易举的。我从来没有在网球赛上输过，从来没有失败过，我从来没有独自失败过，因为我从来没有干过这些事情。只有敢于尝试的人才敢冒失败的风险。”在你失败之前，你可以选择不冒险，那你肯定不会失败；在你失败之后，你还是选择不再冒险，你肯定不会再失败，但你肯定不会到达成功的彼岸。

对于生活的选择这个话题，美国哲学家鲍勃摩尔说得十分透彻，你也许能从中受到一些启发：

你可以轻视自己，也可以诚实地对待自己；

你可以觉得自己是人微言轻无名之辈，也可以心灵充实；

你可以办事拖拉，也可以马上就做；

你可以整天自寻烦恼、牢骚满腹，也可以心平气和地应付一下；

你可以循箴言来生活，也可以按照别的生活原则生活；

你可以对生活悲观失望以至逃避，也可以充满信心地投入行动；

处世为人你可以选择善良，也可选择罪恶；

你可以毁灭一切，也可以奋起建设新生活；

你可以成为你理想中的人，也可以满足现状停步不前。

生命的价值

生命的价值不依赖我们的所作所为，也不仰仗我们结交的人物，而是取决于我们本身！

任何人来到这个世界上，都是一种偶然，是一个千万分之一的概率里产生的，但是只要你在这样的概率下来到了这个五彩缤纷的世界，那么你就是幸运的，就应该享受自己生命尊严，就有让自己的生命价值发光的责任。

五官科房里同时住进来两位病人，都是鼻子不舒服。在等待化验结果期间，甲说：如果是癌，立即去旅行，并首先去拉萨。乙同样如此表示。结果出来了。甲得的是鼻癌，乙长的是鼻息肉。

甲列了一张告别人生的计划表离开了医院，乙住了下来。甲的计划表是：去一趟拉萨和敦煌；从攀枝花坐船一直到长江口；到海南的三亚以椰子树为背景拍一张照片，在哈尔滨过一个冬天；从大连坐船到广西的北海；登上天安门；读完莎士比亚的所有作品，力争听一次瞎子阿炳原版的《二泉映月》；写一本书。凡此种种，共27条。

他在这张生命的清单后面这么写道：我的一生有很多梦想，有的实现了，有的由于种种原因没有实现。现在上帝给我的时间不多了，为了不遗憾地离开这个世界，我打算用生命的最后几年去实现还剩下的这27个梦。

当年，甲就辞掉了公司的职务，去了拉萨和敦煌。第二年，又以惊人的毅力和韧性通过了成人考试。这期间，他登上过天安门，去了内蒙古大草原，还在一户牧民家里住了一星期。现在这位朋友正在实现他出一本书的宿愿。

有一天，乙在报上看到甲写的一篇散文，打电话去问甲的病。甲说，我真的无法想象，要不是这场病，我的生命该是多么的糟糕。是它提醒了我，去做自己想做的事，去实现自己想去实现的梦想。现在我才体味到什么是真正的生命和人生。你生活得也挺好吧！乙没有回答。因为在医院时说的，去拉萨和敦煌的事，早已因患的不是癌症抛入到脑后去了。

在这世界上，其实每个人都患有一种癌症，那就是不可抗拒的死亡。我们之所以没有像那位患鼻癌的人一样，列出一张生命的清单，抛开一切多余的东西，去实现梦想，去做自己想做的事，是因为我们认为我还会活得更久。然而也许正是这一点一点地差别，使我们的生命有了质的不同：有些人把梦想变成了现实，有些人把梦想带进了坟墓。

生命属于每个人只有一次，你没有理由去虚度光阴，一定要使自己的生活充实，让自己的人生价值得以具体体现。

活在当下

回味生活的过程，生命只存留于此地此刻。

西方艺术家克伦姆说过：如果把生命的每一天，每一次呼吸，都看做是正在雕琢的艺术品，那将是怎样的生命形态？把自己想象成一件未完成的艺术品，每一天里的每一秒钟，一件伟大的艺术创作将随着一次次的吐纳而逐渐成形。

为什么要活在当下？简单地说，如果我们能够体验生命中的每一分每一秒，真正的满足就在当下，而不在渺茫不可知的未来。

假使生命的意义只在于为未来做准备，那么我们只会在等待中逐渐衰老。面对生命的无常，未来的渺不可测，什么都寄托于未来的人，也许等美好的未来来到面前时，反而不知所措，不知如何去享受。

然而，我们看到很多，将该做的事，该度的假，该和家人共度的温馨时刻，一再推脱，等升迁再说，等发财再说，等退休再说，等心情好的时候再说，再说再说。好不容易盼到了，脑子却一片空白，匆匆来，匆匆去，又一次失落与懊悔。

想做、该做的事这么多，何不趁现在？禅宗讲修行，就是吃饭时吃饭，睡觉时睡觉。就这么简单？是，做好当下要做的事，体会当下的感觉，用心去活，活出真我。在英文里，present 有两个意思，一是礼物，一是现在。现在，就是上天赐予的礼物。与亲爱的人共处，尤其如此。

作家李黎在几天前的《人间》刊登了一篇《恨晚》，说道："在我们的一生之中，或多或少总会面对一种遗憾：有一些人，会让我们感叹遇到得太晚了，不是对方错过了自己生命中的纯真年代，就是我们未及赶上对方神采飞扬的某一段人生。不仅对人如此，有时面对一个地方，甚至一本好书，也会兴起一份未能及早相识的惋惜之感。"遗憾在所难免，然而事实如此，又当如何？李黎说得好："遇上了，就不晚了。"

"树欲静而风不止，子欲养而亲不待。"失去了亲人，失去了伴侣，我们才开始怀念他，大病住院，才发现健康的可贵；我们常在懊恼中度日，然后立誓，从今以后要如何去做，事后却往往忘了自我的承诺，直到下一次的后悔。

西方有一句话："要活得像明日就要死去一样。"不是消极度日，不是尽情享受，不是短视近利，不是麻木苟活，相反的，是把握当前的每一刻，不要拖延。

每一次的天灾人祸，每一次的生离死别，往者已矣，生者痛不欲生，有的不甘不舍，有的怨叹命运，但更多的是，悔恨对方存活时，未能好好相处，留下无比遗憾。只不过事过境迁，还有几人能汲取教训，好好把握当下，珍惜现有，不再荒废生命，不再怨天尤人，不再和朋友亲人嫌隙龃龉呢？

快乐是一种生活态度

快乐的人非常清楚如何安排生活，不快乐的人，每天睁开眼睛总是怀疑地自问：“我究竟要干什么？”

大多数人一生热衷于追求财富、权势、名誉，我们很少听人说：“我一生都在追求快乐。”因为，一般人总是相信，当他们得到财、权、名、利之后，快乐就随之而来了。不过，等到他们耗费毕生力气追到手之后才恍然大悟，快乐非但没有来，反而换来了痛苦。

快乐的人知道，快乐是人生最重要的价值，也是一种生活的态度；而那些经常抱怨生活，或者活在痛苦边缘的人，他们羡慕别人的快乐，也希望自己活得快乐，但他们总是跨不进那扇快乐之门。

要追求快乐的生活，看似容易，却需要相当智慧。那么什么是快乐呢？请看一位作家的理解吧！

1．快乐就是一辈子做自己喜欢做的事。

2．快乐是全力以赴，追求卓越。

3．快乐就是充满希望。

4．快乐的人只问耕耘，不问收获。

5．每天生活紧张的人，是不会快乐的。

6．凡事顺其自然，不必强求，就能快乐。

7．一个人一旦只为钱而做事，那就注定与快乐绝缘。

8．快乐不是一种兴奋剂，而是一种心灵的安定剂。

9．快乐的人懂得珍惜，他们从不埋怨自己缺少什么，而会珍惜自己的拥有。

10．快乐的人勇于尝试，敢于冒险。

11．以工作为游戏时，生命就充满了快乐，以工作为义务时，生命就变成了无奈。

12．快乐无所不在，无处不有！

有人认为：

1．实现愿望就是快乐。有人说，快乐的秘诀就是一辈子做自己喜欢的事。它是一种“幸福的美感”。快乐是比较即兴的，短暂的，幸福却是持久的，需要长期经营。

2．快乐之人要摆对自己的位置。要做一位快乐主义者，但大多数的人中，十个里面几乎有九个都不快乐。

不快乐的人常常会带给别人压力，他们经常抱怨这个，抱怨那个。但说也奇怪，不快乐的人通常不会承认“我不快乐”。

快乐需要智慧。快乐的人活的都很有味道，很潇洒，也很豁达。他们体悟到生命的无常，不知何时灾难突然就来，唯有保持豁达才能从容应付。

很多不快乐的人，他们痛苦的来源是因为“把自己摆错了位置”。快乐的人非常清楚如何安排生活，不快乐的人，每天睁开眼睛总是怀疑地自问：“我究竟要干什么？”

我们周围有很多人，当他们下了班之后，就像个泄了气的皮球，整个人瘫坐在电视前面，要不就是酗酒、豪赌，生活得很无奈。这种人一定是摆错了位置，他可能想赚更多的钱，想爬得更高，或者有更多的欲望，由于不知道割舍，想要的太多，结果反而掉入痛苦的深渊。

所以说，要找快乐，就是懂得作出选择，看你究竟把自己摆在哪个位置？权力、名声、财富，还有快乐？心理学家认为，快乐的来源包括“新的刺激”与“不断超越”。这就说明了那些酷爱出名的人，为什么总是喜欢向高峰挑战的道理。

快乐是一种生活的态度。假使一个人一辈子有钱、有权、有名，却没有快乐，仍旧只能算是虚度此生。

3．随兴、随心、随缘就是快乐。有一位知名作家说过一句话“快乐与哀伤就像两条并行的铁轨。”佛家认为：“所有的快乐都是短暂的，人生其实是痛苦的。”人的一生，忧苦的时候比快乐的时候多。但是，生活虽如此，我们并不一定就得哀哀戚戚地过日子。仔细想想，在我们的周围，每天都会听到一些坏消息，这些消息已经让我们无所逃遁，那为何不去找一些令人振奋的事情来替自己打气呢？

物质上如果保持恬淡，精神上就能有更大的空间去丰富它，而且，物欲上的东西“边际效益”递减速度反而特别快。我们常叹，人生无奈，总是有牵扯不完的琐事，不是担心这个，就是担心那个。在短暂的生命中，每个人应该留一些空间做自己想做的事。而且，只问耕耘，不问收获。

人生的终极目标就是成功和快乐。一个失败的人生等于枉度一生，一个没有快乐的人生也等于虚度此生。从现在开始，追求你一生的成功与快乐吧！

有追求才有进步

放弃得当，丢掉那些不值得带走的包袱，才能登高远行。

人如果没有追求，那就永远没有进步。歌德说：“谁要是游戏人生，他就一事无成；谁不能主宰自己，永远是一个奴隶。”同样含义的话在伯乃德那里就表述为“一个人如果认为自己在一生中能干一番不同寻常的大事，就比没有远大理想的可怜虫，有着更多的成功机会。”所以说理想与追求对你而言是很重要的，但是问题在于，你所追求的东西，到底是什么样的，在于你是不是在原本已经拥有的情况下还浑然不知，相反的却还努力向外追寻。

在墨西哥海岸边，有一个美国商人坐在一个小渔村的码头上，看着一个墨西哥渔夫划着一艘小船靠岸，小船上有好几尾大黄鳍鲔鱼。

这个美国商人对墨西哥渔夫能抓这么高档的鱼恭维了一番，问他要多少时间才能抓这么多？墨西哥渔夫说：“才一会儿工夫就抓到了。”

美国人再问：“那么你一天剩下那么多时间都在干什么？”墨西哥渔夫解释：“我呀？我每天睡到自然醒，出海抓几条鱼，回来后跟孩子们玩一玩，再跟老婆睡个午觉，黄昏时晃到村子里喝点小酒，跟哥儿们玩玩吉他，我的日子可过得充实又忙碌呢！”

美国人不以为然，帮他出主意，他说：“我是美国哈佛大学企管硕士，我倒是可以帮你忙！你应该每天多花一些时间去抓鱼，到时候你就有钱去买条大一点的船。自然你就可以抓更多鱼，再买更多渔船。然后你就可以拥有一个渔船队。到时候你就不必把鱼卖给鱼贩子，而是直接卖给加工厂。然后你可以自己开一家罐头工厂。如此你就可以控制整个生产、加工处理和行销。然后你可以离开这个小渔村，搬到墨西哥城，再搬到洛杉矶，最后到纽约，在那里经营你不断扩充的企业。”

墨西哥渔夫问：“这要花多少时间呢？”

美国人回答：“十五到二十年。”

墨西哥渔夫问：“然后呢？”

美国人大笑着说：“然后你就可以在家当皇帝啦！时机一到，你就可以宣布股票上市，把你的公司股份卖给投资大众。到时候你就发啦！你可以几亿几亿地赚！”

墨西哥渔夫问：“然后呢？”

美国人说：“到那个时候你就可以退休啦！你可以搬到海边的小渔村去住。每天睡到自然醒，出海随便抓几条鱼，跟孩子们玩一玩，再跟老婆睡个午觉，黄昏时，晃到村子里喝点小酒，跟哥儿们玩玩吉他！”

这个故事说明了，在很多情况下，自诩聪明的人，其实不一定就知道什么是自己的追求，不知道真正幸福就在自己身边，而不是遥不可及的海角天涯。

到底什么是你的追求，这是提给每一个人的问题。这并不是说要求人们没有追求，不是因为饮食终日无所用心才获得快乐，不是那样的犬儒式的快乐，在这里恰是要告诉人们知道什么是自己的追求，知道怎样才能获得自己的幸福，无比的快乐。

人生中有时我们拥有的内容太多太乱，心思太复杂，我们负荷太沉重，烦恼太无绪，诱惑我们的事物太多，大大地妨碍我们，无形而深刻地损害我们。

我们的人生要有所获得，就不能让诱惑自己的东西太杂多，心灵里累积的烦恼太乱杂，努力的方向过于分叉。我们要简化自己的人生。我们要经常地有所放弃，要学习经常否定自己，把自己的生活中和内心里的一些东西放弃掉。

如果我们永远凭着过去生活的习惯，日常世故的经验，困守已经获得的功名利禄，想要获取所有的权钱职位，什么风头利益都要去争，什么样的生活方式都让我们眼花缭乱，什么样的朋友熟人都不愿得罪，这样我们会疲于应付，把很多时间和精力都花在无谓的纷争和无穷的耗费上。不仅自己的正常发展受到限制，甚至迷失自己真正应该前行的方向。

在人生的一些关口，我们的生命中会长出一些杂草肿瘤侵蚀我们美丽丰富的人生花园，搞乱我们幸福家园的田地。我们要学会对这些杂草铲除和放弃，放弃不适合自己的事业，放弃异化扭曲自己的职位，放弃实权虚名，放弃人事的纷争，放弃变了味的友谊，放弃失败的恋爱，放弃破裂的婚姻，放弃没有意义的交际应酬，放弃坏的情绪，放弃偏见恶习，放弃不必要的忙碌压力。

放弃我们人生田地和花园里的这些杂草害虫，我们才有机会，同真正有益于自己的人和事亲近，才会获得适合自己的东西。我们才能在人生的土地上播下良种，致力于有价值的耕种，最终收获丰硕的粮食，在人生的花园采摘到鲜丽的花朵。

放弃得当，是对围剿自己的藩篱的一次突围，是对消耗你精力事件的有力回击，是对浪费你生命的敌人的扫射，是你在更大范围去发展生存的前提。

放弃得当，是对捆绑自己的背包的一次清理，丢掉那些不值得你带走的包袱，拿走拖累你的行李对象，你才可以简洁轻松地走自己的路，人生的行程才会更加愉快，你才可以登得高行得远，看到更美更多的人生风景。

认识你自己

一个人若想有一番成就，首先最好是及早地认识自己。

据说，在希腊帕尔纳索斯山南坡上的神殿门上面，写着这样一句话：“认识你自己。”人们认为这句格言就是阿波罗的神谕。古希腊哲学家苏格拉底最爱引用这句格言教育别人。

有意思的是，两三千年前这句格言直到今天看来还有现实意义。认识你自己吗？谈何容易！

通常人们以为外部世界不易发现，而自己对自己却了如指掌。其实不然，别看你很爱自己，但很可能你一辈子都没有真正的认识自己。正所谓“不识庐山真面目，只缘身在此山中。”要真正的认识自己，才能扬长避短，努力去发掘自己的独特潜能。

在我们的周围，有不少有潜质的人，但不知为什么他们却摒除了所有的机会？是什么妨碍了他们潜能的发挥？

你是否发现有些人常常沮丧，总是充满烦恼、羡慕和嫉妒？而有一些人总是神采奕奕，他们常带笑容、时时给人鼓舞的话语，他们似乎总能应付生活的挑战，而不会滑入沮丧的深渊。如果让你选择，你会比较喜欢和哪种人在一起？

再想想，你自己是哪一种人？什么是你的思考模式？人们是如何成为坚强的正面思考者的？

我们生来具有潜意识和意识。意识主导我们的思考及抉择；而潜意识支配我们的身体活动及感觉，它就像我们的记忆库般地活动着，也是我们创造力的来源。潜意识像电脑一般记录下我们生活中的每一秒。如果我们存进一些不愉快的想法和意见，比如忧虑、恐惧、羡慕，那么当我们按下钮，输出来的就是一份负面的人格报表。但如果我们源源不绝地输入一些对个人、对未来、对周围一切的正面想法，那么出来的自我图像也将是正面的。

听起来很容易，问题是，很多人从未拥有正面思考，却不解何以他们的感觉比原来更坏。这是因为在他们正面思考的表象下，深层的潜意识里却是一个顽固的讯息：“你毫无价值，你不值得让好事情在你身上出现。”

有很多方式让许多信息产生，可能你有学习障碍，使你得花很多时间才学会阅读，可能由于你哥哥体能总比你好，使你觉得不如人，也可能由于家庭失和，使你一直得不到应有的关爱。但即使你了解这并不是你的错，在深层的潜意识中，你可能仍给自己“你不够好”的信息。

当然，这信息是错的。每个人都有权快乐，而且每个人都有可以贡献之处，一旦发现自己心中潜藏着负面的信息，你就得致力改变对自己的感觉，给自己正面的信息，才有成功的机会。

如果你的潜意识里浮现的都是正面信息，那么不管面对任何挑战，你都能以不倒翁的架势迎接。世上真正的胜利者，倒不一定是那些最有钱的、宅第最大的、或是位居要职的人，真正的赢家是能肯定他们自己、他们周围的世界，同时协助别人肯定自己的人。

贫穷是一种病态

贫穷本身并不可怕，更可怕和可憎的是贫穷的思想。

世间大部分的贫穷，都是一种病态，是千百年来不良生活、不良环境、不良思想的结果。我们知道，贫穷是一种反常的状态，因为它不适宜于人类的生活，它与人类争取的幸福背道而驰，“丰裕”、“富足”，天下众生都应有份，所以只要人们坚决地去追求，经过不断地奋斗去争取它，他总会得到的。

如果普天下贫穷的人，能够从他们的颓丧、不良的环境中挣脱出来，向着光明愉快的方面迈进；如果他们立志摆脱贫穷，与凶残的生存方式决裂，那么，这种决心一定可以在短时间内就使社会文化焕然一新。

许多人总认为，在向贫穷抗争方面，自己已经尽到了最大的努力，其实他们还没有尽到一半的可能努力呢！

就事实而论，世间大部分的贫穷，都是由“懒怠”造成的，都是由奢侈浪费及不愿努力，不肯奋斗所造成的。

有几种坚强的品格，是与“贫穷”势不两立、互不相容的。

自持与自立，是坚强品格的基石。我们常常发现，在那些贫穷，不幸，而仍然努力奋斗的人中间，这种品格非常发达，相反那些失掉了勇气和自信，或躺在“富裕”的温床上害怕贫穷的人，就没有这种坚强的品格，他们的人格也就十分渺小。与此那些在不断地争取富裕的努力中锻炼出无穷的精神力和道德力的人相比，他是一个弱者。

当你立志要永远挣脱贫穷，永远与贫穷脱离关系时，你就从生活的各方面都要铲除“贫穷”的痕迹；当你立志要在这个世界上显出你的真面目，一往无前地向“成功”、“富裕“的目标前进时，这个世界上就没有一样东西可以阻碍你的这种决心。你发现，这种自尊和自信心理，是可以赋予你无穷力量的。

最足以损害我们的能力，破坏我们前途的，莫过于和眼前不幸环境相妥协；以为不幸的环境是理所当然的，而不想去挣脱它。

由于自己不能过上富裕的人所过的生活，不能得到富裕人所得到的享受，贫穷的人往往心灰意冷，不想去奋斗，他们不想尽其可能的努力，以去摆脱贫穷。

大部分贫穷人的毛病，就在于他们没有自信，不相信自己可以脱离贫穷。他们已经向贫穷妥协，以为贫穷就是他们命中注定的。

当一个人停止战斗，放下武器，竖起白旗时，除了恢复已经失去的自信心，以及赶走他脑海中的宿命论观念以外，实在别无他法！

上苍绝无意思让任何人留于贫穷，留于痛苦不幸的环境，笔者认识一个青年，他毕业于一所著名大学，他体态魁梧，要不是他父亲每星期供给他 5 元钱，他还挨饿呢！

这个青年人之所以落得如此地步，就是犯了没有自信心的毛病，他曾尝试过许多事情，但都以失败告终，他说，他已不信任自己的能力，他认为，他的教育是一种失败，当他得到一种职业时，总认为自己是不会成功的，他做此事不成就又去做别的事情，做一样不成就又去换一样，结果是一事无成，他之所以落入如此地步，就因为他怀着一种错误的精神态度，就因为他不曾走上正轨。

贫穷本身并不可怕，更可怕和可憎的是贫穷的思想，认为贫穷是自己命中注定的，他必然会在贫穷这种信念中虚度一生。

假如你觉得自己的前途无望，感到周围的一切都很黑暗惨淡，那你就应当立刻转过头来，朝向另一个方向，面向那些充满希望与期待的阳光，而将黑暗的阴影遗弃在背后。

你必须斩除你一切贫穷的思想，疑惧的思想，从你的心扉中，撕下一切引起你不快的黑暗图画，挂上光明，愉快的图画。

你应该下定坚毅的决心，向贫穷作战，世间的种种幸福与享受，也应该大家都有份，向贫穷作战，不在夺别人的那一份的条件下，去取得你的那一份。你是应该得到“富裕”的，那是你天赋的权利。

心中不断地想要得到某种东西，同时坚毅地为求得该种东西而奋斗不止，我们最终总能如愿以偿，世间有千千万万个挣脱了贫穷生活的人，就因为他们明白了这层道理！

亡羊补牢，为时未晚

现实中，没有受过大学教育的人，通常过于看重大学教育。一般家境困难，或身体不健康，以致与大学失之交臂的人总以为他们是遭受了一种不可收拾的损失，以为在他们一生中，是有着一个永远不可补救的缺陷。他们以为无论日后怎样的自修自习也还是没有用处，无济于事。但就事实而论，世间最有学问、最有知识、最有效率的人，常常是那些从未受过大学教育的人，甚至是那些连中学校门都没有跨进过的人。

笔者认识一个青年，其人连小学教育都没有完成。然而因为他后来阅览了许多历史传记，因此竟成了一个历史专家。遇见他的人，都盛赞他的学问。他读书很多，所以他的语文水平很高，虽然对于文法的死板规律一点不懂，但他能够在许多著名作家的文字中，熟知其作文构句之道，所以他的作品有一种独特的风格。

不幸的是有许多成年人，总以为人一过了那感受性最强的青年时期，再受教育，已是亡羊补牢，为时已晚。

世间最值得尊敬的，就是那些已到中年，甚至老年，仍孜孜好学，以求补救少年的失学之悲，利用全部的空闲时间，全神贯注摄取知识，而使自己成为更充实、更伟大的人。

如果你觉得，在有些普通的学校课目上得来的学习力与记忆力，已不比当年，你不必因之而灰心。壮年人的学习能力，要比青年人强得多。因为他有更多的经验，更成熟的见解，更准确的判断力，因为他尝过失学的痛苦，所以他的爱好学问，胜于任何人。

有许多人在学校时，成绩平平，但在日后，在学问、事业上，往往有惊人的表现，理由也就在此。

更进一步说，人的一生，都是受教育的时期。社会就是所大学校，我们所遇见的人，所接触的事物，所得到的经验，都是这所大学校的教师。

只要我们用心去观察、体验，每时每刻都可以摄取许多知识。然后在空闲的时候，我们可以用“深思”的方法，将那些零碎的知识整理、组织起来。

我们随处可见那些天分颇高的青年，一生只做些平凡的事业，就因为他们的天分高，所以就没有受过充分的训练、培植。他们不追求进步，他们关注的，只是月底领薪水，与领到薪水以后的几天中的快乐时间。结果，他们的一生没有什么作为。

人们只能利用其一小部分的天赋才能做事，而不能通过教育与训练，使得全部的天赋才能皆可应用，本来足以役人的人，因为没有受相当的教育与训练，就不得不降为役于人了。

一个人越能储蓄，则越容易致富，你越能致富，你越能求知，则越能有知识。你越多储一份知识，就足以充实你的一份生命。这种零星的努力，细小的进益，随着时间的积累，可以使我们在日后获益，可以使我们变得更广大、更充实、更丰满，可以使我们更能领悟人生。

有一个青年，他常有机会坐火车、轮船去远方旅行。每次在路上，他总是随身带些读物，如像袖珍书本呀、函授学校中的讲义呀，细心研读，利用了一般人所浪费的零星时间，来求自己的进步。

如果有人告诉笔者，一个青年怎样度过他的工余时间，怎样消磨他的漫漫的冬夜黄昏，笔者就可预言出那个青年的前程是怎样。

有人以为利用闲暇时间读书，其成绩总不能与学校相等，因而不想在闲暇的时间读书，如同以为虽然尽出储蓄，却不能致巨富，因而一有金钱，尽数挥去，不稍储蓄。但是你看不见有许多人，就是因为利用了零星闲暇的时间而求得了与学校教育相等的成绩吗？

有一则真实故事：有位服务于食品厂的推销员，到了退休年龄时，他决心利用所学到的一点簿记经验，另创一番事业！于是他进行了簿记方面的专业训练，然后自己开了一家会计师事务所。经营了没多久，以往的雇主与100家中小商店都与他订下合约，委托他全权处理。根据业务需要，他想了个妙计，开着一辆修理好的巴士，四处巡逻作业，巴士里是他的全部家当：计算机、打字机等。此后他的生意更兴隆。之所以有今日的成就，完全在于他能活用当年所学到的簿记知识，加上丰富的想像力及克勤克俭的生活作风，而其现在的所得更是昔日的4倍之多！

远大的目标推动前进的梦想

对你而言，你过去或现在的情况并不重要，而更值得你关注的是你未来的处境。

有一个年轻人F先生，由于职业问题跑来咨询笔者，这位F先生健谈、聪明，未婚，大学毕业已经4年。

根据年轻人目前的工作、受过的教育、背景和对事情的态度，笔者对年轻人说："你找我帮你换工作，你喜欢哪一种类型的工作呢?"

"喔!" F先生说："那就是我找你的目的，我真是不知道自己想要做什么?"

这个问题普遍存在。帮他介绍几个老板面谈，都没有什么结果。由于他至少有几十种职业可选择，选出合适职业的机会却并不大。笔者希望他明白，找一项职业以前，一定要先深入了解那一行才行。

所以笔者说："让我们从这个角度来看，十年以后你希望怎样呢?"

F先生沉思了一下，最后说："我希望我的工作和别人一样，待遇很优厚，并且买一栋好房子。当然，现在我还没深入考虑过这个问题呢。"

笔者对F先生说，这是很自然的现象，并继续解释："你现在的情形就像你跑到航空公司里说：'给我一张机票'一样。除非你说出你的目的地，否则人家无法卖给你"。所以笔者又对他说："同样的道理除非我知道你的目标，否则无法帮你找工作。只有你自己才知道你的目的地。"

这使F先生不得不仔细考虑。接着我们又讨论各种职业目标，谈了两小时。笔者相信他已经听了最重要的一课：出发以前，要有目标。

从某种意义讲，人也是一种商业单位。你的才干就是你的产品，你必须发展自己的特殊产品，以便换取最高的价值。下面有两种很有效的步骤可以帮你做到这一点。

第一，把你的理想分成工作、家庭与社交三种。这样可以避免冲突，帮你正视未来。

第二。针对下面的问题找到自己的答案。我想完成哪些事？想要成为怎样的人？我想得到什么？

在你计划你的未来时，也要这么做，不要害怕画蓝图。一个人的成就多少比他原先的理想要小一点，所以计划你的未来时，眼光要远大才好。

下面是成功学大师拿破仑·希尔教过的一个学员的部分计划，当他计划他的住宅时，他就好像已经看到真正住宅的将来模样。

“我希望在乡下建一栋别墅，房屋是白色圆柱所构成的两层楼建筑。四周的土地用篱笆围起来，说不定还有一、两个鱼池，因为我们夫妇俩都喜欢钓鱼。房子后面还要盖个都贝尔曼式的狗屋。我还要有一条长长的弯曲的车道，两边树木林立。”

“但是一间房屋不见得是一个可爱的家。为了使我们的房子不仅是个可以吃、住的地方，我还要尽量做有价值的事，当然绝对不会背弃我们的信仰，一开始就要尽量参加教会活动。”

“10 年以后，我会有足够的金钱与能力供全家坐船环游世界，这一定要在孩子结婚独立以前成为现实。如果没有时间的话，就分成几次作短期旅行，每年到不同的地区游览。当然，这要看我的工作是不是很成功才能决定，所以要实现这些计划，必须加倍努力才行。”

这是五年以前的计划。这位学员当时有两家小型的“一角专卖店”。现在他已经有了五家连锁店，而且已经买下 17 英亩的土地准备盖别墅。他的确是在逐步实现他的目标。

只有当你有远大目标时，你才能有伟大成就。

远大的目标能够使人迸发出创造性的火花，使人有可能取得成就。有位哲人说过：“世人历来最敬仰的是目标远大的人，其他人无法与他们相提并论……贝多芬的交响乐、亚当·斯密的《原富》，以及人们赞同的任何人类精神的产物……你热爱他们，因为你说，这些东西不是做出来的，而是他们的真知灼见发现的。”成功人士都是这样取得成功的。

奥运金牌得主靠的不仅仅是他们的运动技术，而且还靠远大目标的推动力，商界领袖也一样。远大的目标就是推动人们前进的梦想。随着梦想的实现，你会明白成功的要素是什么。没有远大的目标，人生就没有瞄准和射击的靶子，就没有更崇高的使命能给你希望。正如道格拉斯·勒顿说的：“你决定人生追求什么之后，你就作出了人生最重大的选择。要能如愿，首先要弄清你的愿望是什么。”有了理想，你就看清了自己想取得什么成就；有了目标，你就有一股无论顺境逆境都勇往直前的冲劲，目标使你能取得意想不到的成功。

突破困境迎来转机

雨下起来了。没有带伞的人心中暗骂：“这雨真讨厌!”带着伞的人则暗自庆幸：“还好，带了伞!”可是，雨下了一会就停了，这时候，没带伞的人又会觉得：“真好!”而带伞的人却遗憾似的叹道：“这雨下的，真是的!”这些人都以自己的得失来判定人生中的每一瞬间。

下雨有何罪，人们却对它妄自评价。生活中也有很多人为眼前的点滴成功、失败所左右，在事业中出现障碍时，怨天尤人，不能走向成功。被环境所左右，痛苦的只能是自己，最后失败的也只能是自己。比尔的故事就告诉我们一个这样的红灯思维的实例。

1. 接受现实

不久前，比尔被解雇了。他是突然被炒鱿鱼的，而且老板未做任何解释，唯一的理由是公司的政策有些变化，现在不再需要他了。更令他难以接受的是，就在几个月以前，另一家公司还想以优厚的条件将他挖走，当时比尔把这件事告诉了老板，老板竭力挽留他说：“比尔，我们更需要你!而且，我们会给你一个更好的前景。”

现在，比尔却落到了如此的结局，可想而知他是多么痛苦。一种不被人需要、被人拒绝以及不安全的情绪一直缠绕着他，他徘徊，挣扎，自尊心深受损害。一个原本能干、生机勃勃的比尔变得消沉沮丧、愤世嫉俗。在这种心境下，比尔怎么可能找到新的工作呢？而找不到工作的苦恼，又加重了他的沮丧和消沉，更加不能摆脱对命运的愤恨。

没有人可以代替比尔，除非他自己振作起来。

被解雇，无论是多么痛苦，也无论感到受到了多么大的伤害，苦恼、烦躁、怨天尤人都不能改变现实。只有鼓起勇气接受现实，重新开始，新的机遇永远在等待着不怕挫折、充满自信的人。

不同的思维模式，将使人对生活产生不同的行为。红灯思维对人的行为起阻碍作用，绿灯思维对人的行为有促进所用，把红灯思维变成绿灯思维，我们的生活就会变得美好，事业就会成功。

2. 现在就行动，改变你的消极态度

建功立业的秘诀就是把一个人的红灯思维改变为绿灯思维，通过它，一个人能把一个被毁弃了的一天变成令人愉快的一天。

丹麦哥本哈根大学的学生乔根做了一夏天的导游工作。因为他工作出色，一些从美国芝加哥来的游人安排他去美国旅游一次，旅程包括在华盛顿观光一天。

乔根到达华盛顿时，他在魏拉德旅馆的账单已经有人预付过了。他高兴到了极点。可是，当他准备就寝时，一次意外的打击迎头而来——他发现钱包不见了。

钱包里装有护照和现款。他跑到楼下旅馆柜台，向经理说明了情况。

“我们愿尽一切努力。”经理说。

但直到第二天早晨，钱包仍不知下落。乔根的衣袋里不到两元钱。现在，他孑然一身，飘零异邦。怎么办呢？打电报给芝加哥的朋友，告诉他们所发生的事吗？到警察总局坐等消息吗？

突然，他坚定地对自己说：“不！我不愿做任何这样的事！我要参观华盛顿。我可能再也不会到这儿来了。我在这个伟大的首都里只能待上宝贵的一天。毕竟，我还有去芝加哥的机票，还有很多时间解决现款和护照问题。但是，如果我现在不去参观华盛顿，我就不会再有这样的机会了。”

“现在应当是很愉快的时候。”

“现在的我和昨天失去钱包以前的我应是同一个人。那时我很愉快，现在我应当也很愉快——刚刚到达美国，有权在这个伟大的城市里享受一个假日。”

“我不愿把时间无益地浪费在由于损失而引起的不愉快中。”

他步行出发了。他看到了白宫和国会大厦，参观了一些巨大的博物馆，他爬上了华盛顿纪念碑的顶部。虽然不能到华盛顿市郊区阿灵顿以及其他原来想去看看的几个地方，但是凡是他到过的地方，他都看得很仔细。他买了些花生和糖果，细细咀嚼，免得自己过于饥饿。

他回到丹麦后，回忆起在美国最好的一段旅程，就是那天徒步旅游华盛顿。

如果乔根不采用建功立业的秘诀，那一天就可能从他那儿毫无疑义的溜掉了。所幸的是，乔根懂得“现在”正是时候，他懂得必须在“现在”变化之前把它抓住，以免无限惋惜“昨天我本可以……”

令人喜出望外的是：在乔根钱包、护照丢失的五天后，华盛顿警察局找到了它们，还给了他。

3. 换挡时刻

生命中，有些阶段看起来是停滞不前的，白白浪费的。例如：在失业与再就业之间的无薪期间、在失恋与开始新的恋爱之间止痛疗伤的日子里、在失学与就学之间的准备阶段……对沉溺在情绪谷底的当事人而言，这些日子是暗淡无光的。但是，只要熬过这一个时期，人生的梦想就可以依然闪亮。

我将这一段时间称之为“换挡时刻”，是人生中变换节奏与速度的重要转机。也许，在这段时间，很多事情要被迫停下来，有时候也必须在两难的困境中做出不得不割舍的抉择，我们会担心、会害怕，也会恐惧……这些都是正常的。但是，担心、害怕、恐惧之后，一定要让自己的心情稳定下来，勇敢面对这一段时间中所发生的一切事情。保持最好的想法，承担最坏的打算。

唯有将负面的思考沉淀下去，内心才会渐渐澄清，倾听自己的声音，看见未来的路。如同驾乘摩托车或汽车的道理，“换挡时刻”要踩紧踏板、松开离合器，很平顺地改变节奏与速度，很自然地适应当时的路况。

人生的路，千回百转，有上坡，也有下坡，能够清楚知觉“换挡时刻”到了，是一种难得的幸福。愿意配合外在环境的变化，主动调整自己内心的想法及能量，就依然能够达到目标。

号称近年来最大规模的一场高楼火灾，在持续燃烧将近四十几个小时之后，百余家公司的资产付之一炬。

据说，起火点位于三楼。火灾消息才刚刚传出，几分钟之内火舌就将楼上一家高科技公司的所有设备及库存吞噬一空。其中的一位股东人在国外，打来越洋电话给我，问及受灾情况。

我将实情告知后，他在电话那头语气十分肯定地说：“因为这场火，一切都会有新的开始的。”

“你不要太难过啊。”我安慰他。

“不，我真的不难过。”他表现得很镇定，“老实说，心中觉得可惜。营运了几年，上一季开始接到许多大订单，业务正要起飞，就碰到这个情况，从短期的眼光来说，的确感到很遗憾。不过，如果从长远的眼光来看，可能要感谢这一场火。”

“感谢这一场火？”“是。凡事正面思考，每个经历中都有值得学习的地方。”我猜想，他大概是人生励志的书看得太多了。此时此刻，能够这样想，总是好事。于是，故意表现出热情去附和他的看法。

“我不是讲场面话，”他继续说，“其实，公司一直想投资建新厂使产品升级换代，但初期的投资及设备都放在这儿，总经理有点难以割舍。如今，大火把一切烧光了，没有退路之后，只好拿出决心向前走。未来的路，一定会更宽阔。”

“高科技是高风险的行业。你为什么能够说得这么有把握？”我请教他。

“因为，这家公司有一群很优秀的人，这些年来的经验积累，让他们很好地掌握了技术。”

挂上电话以后，他的话如暮鼓晨钟般震荡在我的心里。

碰到挫折时，强装不在乎的表面话人人都会说，但真正的平常心，其实是来自心灵深处的一种笃定。

回想他们公司刚成立时所经历的那段惨淡经营的岁月，幸而得到了几位股东的充分支持与授权，才逐年成长。刚刚要迈开大步向前进，却遭大火肆虐，应当算是一个很大的挫折。但是，他却认为正好是一个重要的转机，推究他信心满怀的主要来源就是：人与技术。

“留得青山在，不怕没柴烧。”中国人有许多简简单单的话，听来像是安慰人的客套话，深思之下却都饶有哲理。

之所以“不怕没柴烧”，关键有两个：一是因为留住的是青山，不是枯木荒草的不毛之地；二是有时间、有耐性，等待绿树成林。前者，需要平时有所准备，未雨绸缪。后者，则是在困境中安顿身心的修养，以及永远不放弃的希望。

有位旧日同事，工作认真，表现优异，为了追求理想，接受新的挑战，跳槽到新兴的网络公司。不到几个月工夫，受到网络经济泡沫化的波及，公司宣布大幅裁员，他成为“失业阵线联盟”的一员。

在家里待了几个月，始终找不到理想的工作。几位感情很好的同仁，非常关心他，不定期打电话问他：“工作找得怎么样了？”

他丝毫不显尴尬，理直气壮地说：“还没有很理想的。”

朋友纷纷劝他：“眼光不要太高嘛，经济不景气，你何不将就一下呢？”

也有昔日主管给他的意见：“时机不好，你原来的薪水也有些偏高，若不自动调降，很难找到工作。”

但是，他没有采纳“降价求售”的建议。为了感激朋友们的好意，他总是客气地说：“没办法，房贷压力很大，如果没有从前的薪资水准，很难养家糊口。”我听得出来，房贷的压力不过是他坚持高薪的表面因素，实际上的原因是他对自我的信心——他不认为自己的能力和经验，会遭到必须对自己的薪资打个很大折扣的地步。

许多相反意见仍然很快地回应到他的耳朵中，成为抉择时的杂音，例如：“坚持高薪，因而找不到工作。在家里闲着的这几个月，岂不损失更大？”

朋友们的关心，的确不无道理，他也曾经有过相同的担心。至于是不是真的会“损失更大”，关键则在于“赋闲”在家的这几个月他做了些什么。

如果，每天无所事事，甚至怀忧丧志，怨天尤人，的确是很大的损失，不但丢了工作，还失去自信，形成负面循环，失业愈久，愈难找到工作。

相反，在失业的日子里，不放弃希望，继续以自修的方式，充实本职学能，尽量不跟产业脱节。同时，也不错过任何一个可能的机会，到处投递履历表推荐自己，让自己往好处想、往好处走，一切事情就会向正面的方向发展。

“嗨，我终于找到工作又开始上班了。”果真，他在失业四个月后，找到一份新的工作，薪水及职务都符合他的期望。

从他身上，我发现：在人生低潮的时候，绝对不能放弃理想，只有这样才会有从谷底爬上来的希望。然而，仅是不放弃理想是不够的，必须要有实际的计划和行动，并且按部就班地去做，才会迈向成功。否则，空有理想，没有行动，离目标愈来愈远，失望更严重。

少年时期，在升高中的联考中遭遇挫败的我，为了继续升学，曾经参加补习班，准备重考。隔年，考上高中以后，我成为高中的一年级新生，而原先成绩较好的初中同学都已经升高二了。

当年的我，经常耿耿于怀，认为自己在补习班足足“浪费”了一年的时间。现在回想起来，补习的那一年，就是我生命中的一段“换挡时刻”。

对于一个原本不懂读书方法、也不够用功的孩子来说，那一年的日子过得非常辛苦。除了要应付课业压力之外，还要闪避别人讪笑的眼光。对父母沉重的经济负担而言，庞大的学费支出，更是雪上加霜。

但是，也因为这些磨炼，让我变得成熟懂事，认清了自己的优点和缺点，并基于“我一定要补回这一年”的心态，及早规划未来的人生，因而突破困境，得到新的转机。

当你尽了一切的努力，还是碰到诸事不顺、路况不好的窘境，不要害怕，这表示人生中“换挡时刻”到了，请踩一下踏板，放松心情的离合器，只要永远保持“进可攻，退可守”的动能，就可以继续向着你的人生目标前进。

理清你的思绪

一个人躲在被窝里，眼睛睁得大大的，毫无睡意，于是就开始想东想西了。

其实，他根本理不清思绪，只是一味妄想，企图在妄想中找出自救之道。

人之所以会有苦恼，就是因为人生受到这种无谓的妄想所摆布。人生只有一次，只要痛下决心，赤裸裸地舍身向人生的困境挑战，就能在任何一个地方、在任何一种境遇中彰显出属于自己生命的灿烂光辉。

在大千世界里，每一种职业都能产生出超凡的人才。不论目前的地位怎样微小，都有可能发展到无可限量的地方：种花生的农民可能有一天当总统，一个工人可能有一天会做到大企业的总裁，小学生有一天会成为著名大学的校长。对于每一种事业，只要我们能从远处、高处着想，都能发展到一个超越想象的高度。以从事商业而言，如果眼光短小，不求进步，那么，充其量一生也只能做一个小商人，不会有大展宏图的机会，也不会有出人头地的日子。所以，每一个人想要在事业上达到成功，一定要有远大的眼光，确定自己在五年、十年以及一生的事业进展计划。

换句话理解，也就是当你做一件事时，你先衡量一下它的价值，五年、十年以及更长的时间，就会体会出做这件事的意义。

1. 让苦难成为机会

人生有很多选择，但唯一不能选择的是父母。当你降生在一个不幸的家庭时，苦难也就注定要伴随你，那么你将如何对待呢？

在北京西苑饭店举行的一次海峡两岸十大杰出青年座谈会上，台湾第37届十大杰出青年、一个专门生产消防器材的大公司的厂长赖东进讲了他自己的故事：

他的父亲是个瞎子，母亲不仅瞎而且弱智，在兄弟姐妹中，只有他和姐姐没有成为瞎子。瞎眼的父亲和母亲只能当乞丐，家就是乱坟岗里的墓穴，他一生下来就和死人的白骨相伴，能走路了就和父母一起去乞讨。他9岁的时候，有人对他父亲说，你该让儿子去读书，要不他长大了还是要当乞丐。父亲就送他去读书。上学第一天，老师看他脏得不成样子，给他洗了个澡。这是他生命中第一次洗澡。为了供他读书，才13岁的姐姐就到青楼去卖身，然而照顾瞎眼的父母和弟妹的重担也就落到了他小小的肩上。他从不缺一天课，每天一放学就去讨饭，讨饭回来就跪着喂父母。甚至当眼瞎且弱智的母亲每次来月经时，都是他给换草纸。后来，他上了一所中专学校，竟然获得了一个女同学的爱情。但未来的丈母娘说："天底下再也找不出他家那样的一窝窝人了。"她把女儿锁在家里，用扁担把他打出了门……

故事讲到这里，他说，"由于时间的关系，今天就不讲太多了，"然后，提高了声音说："但是，我要说，我对生活充满感恩的心情。我感谢我的父母，他们虽然瞎，但他们给了我生命，至今我还是跪着给他们喂饭。我还感谢苦难的命运，是苦难给了我磨炼，给予我这样一份与众不同的人生。我也感谢我的丈母娘，是她用扁担打我，让我知道要想得到爱情，必须奋斗才行……"

一个人处在不如意的境遇之中时，是顺应环境，被苦难压倒；还是奋斗，被逼着发愤努力，结局是不一样的。苦难并不可怕，可怕的是面对苦难的畏惧思想和消极情绪，以及认定自己是命定苦难。一旦这样，必然至死生活在苦难之中。

如果换个角度看待苦难，苦难可以给人以磨难，苦难可以给人以不同的人生，让人有不同的体验。把苦难变成机会，往往是成就大事业的契机。

2. 公司形象

在商业竞争中，人们都知道公司形象的重要性，但是在如何树立公司的良好形象上，却往往忽略了看似细枝末节的关键环节，而正是这些不被重视的地方成为公司成败的分水岭。

在一个炎热的午后，有位穿着汗衫、满身汗味的老农夫，伸手推开了厚重的汽车展示中心的玻璃门。他一进入，一位笑容可掬的柜台小姐立刻迎面走来，客气地询问老农夫："先生，我能为您做些什么吗？"

老农夫有点腼腆地说："不用不用，我刚好路过这里，想进来吹吹冷气，马上就走。"

小姐听完后亲切地说："就是啊，今天实在很热，气象局说有 36 摄氏度呢。您一定热坏了，让我帮您倒杯水吧。"接着便请老农夫坐在柔软豪华的沙发上休息。

"可是，我们种田人衣服不太干净，怕会弄脏你们的沙发。"

小姐边倒水边笑着说："有什么关系，沙发就是给客人坐的，否则公司买它干什么？"

喝完冰凉的茶，老农夫闲着没事便走向展示中心内的新货车，东瞧瞧，西看看。

这时，那位柜台小姐又走了过来："先生，这款车很有力，要不要我给您介绍一下？"

"不要！不要！"老农夫连忙说："你不要误会了，我可没有钱买，种田人也用不到这种车。"

"不买没关系，以后有机会您还是可以帮我们介绍啊。"然后便详细而耐心地将货车的性能逐一解说给老农夫听。

听完后，老农夫突然从口袋中拿出一张皱皱的白纸，交给这位柜台小姐，并说，"这些是我要订的车型及数量，请你帮我处理一下。"

小姐有点诧异地接过来一看，这位老农夫一次要订 8 台货车，连忙紧张地说："先生，您一下订这么多车，我们经理不在，我必须找他回来和您谈，同时也要安排您先试车……"

这时，老农夫语气平稳地说："小姐，你不用找你们经理了。我本来是种田的，因为和人投资了货运生意，需要买一批货车。但我对车子外行，买车简单，担心的就是车子的售后服务及维修，因此我儿子教我用这个笨方法来试探每一家汽车公司。这几天，我走了好几家，每当我穿着同样的旧汗衫进到汽车销售店，并表明我没有钱买车时，常常会受到冷落，让我有点难过……而只有你们公司，虽然知道我不是你们的客户，还那么热心地接待我，为我服务。对于一个不是你们客户的人都如此，更何况成为你们的客户呢。"

……

一次赴日本旅游，某晚在大阪的一家小酒馆内发现了一个颇为奇特的现象，邻桌的一批日本客人，在喝酒之前不约而同地把胸前的公司徽章反过来再别上去。当时，我对这个联合举动感到好奇，便在其中一位客人上洗手间经过我身旁时请教了他。

起先那位日本人被我这陌生人突如其来的问题吓了一跳，后来才有点腼腆地说："因为我们几位同事都喜欢下班后喝酒消磨时间，可是又怕自己酒后会失态，让公司没面子，于是才想到把公司的徽章反过来别，这样就不会被别人看到我们是哪家公司的，也才能安心地喝酒。"

听完，我有点不解地追问："既然如此，为什么不干脆把徽章摘下来收进口袋呢？"

突然，这位日本人提高音调，有些激动地说："摘下来万一丢掉了怎么办？不等于把公司的招牌弄丢了吗？回去我怎么向大家交待？"

类似的故事还很多。据报载：我国某城市一家大型商场，因营业员疏忽，将一件1727元的大衣误标成727元。大衣售出后，营业员才发现自己的失误，他想方设法，居然找到了购买大衣的顾客，并要追回大衣或补回货款，但遭到顾客拒绝。于是，该营业员诉诸法律，并且得到了律师的支持。看来，这次小失误很可能会演变成一场官司了。打官司嘛，那就难免要撕破脸皮，不论输赢，那位顾客、他的亲朋好友以及他的同事们都不会对那家商场抱有信任和好感了。

无独有偶，类似的事情在美国也发生过。一位旅美深造的女士，去乐器店挑选钢琴，最终选中了一架她认为物美价廉的钢琴。她将营业员叫到身边，把自己的选择告诉了她。营业员一看钢琴上的售价标签，愣住了，他向这位中国女士道歉，请她稍等，他要去向经理请示一下。一会儿，经理从店堂后快步走出来，老远便向这位女士伸出手，笑着说：“祝贺您！您花最少的钱，买了一架最好的钢琴！”原来也是出于疏忽，售价标签上少标了一个“0”，但店主与顾客的交易却就这样轻松地完成了。

有一年，中国作家代表团访问瑞士和希腊。在雅典，他们下榻在布拉卡的一家宾馆。布拉卡是专门接待外国旅游者的商业区，住在那里，逛商店是非常方便的。

一天下午，代表团成员走进一家专门经营旅游纪念品的商店。商店营业面积不小，商品陈列非常粗放，店里没有一只玻璃货柜，铜雕银器、彩瓶挂盘、仿古的大理石雕像，都随意地摆在一张张木台子上。

那里的商店，不像国内的商店总是摩肩接踵，拥挤不堪，经常都是冷冷清清的。可就是这么巧，当两位白人妇女走出店门时，其中的一个大概仍然留恋某一件商品，便转身再回看一眼，可就在她转身之际，腰间的挎包将门口木台子上的一个五彩瓷瓶碰到了地上，摔了个粉碎。

若在中国商店里出现这个场面，毫无疑问，店主要坚持索赔，顾客要据理力争，指责店主商品摆的不是地方。

这次不然。

正当那位白人妇女有些不知所措的时候，店主已经走到她面前，说，“对不起！没吓着您吧！”

白人妇女也连声道歉，问他，“要我赔吗?”

店主说，“您在告诉我，应该把东西摆在恰当的地方。请吧，欢迎您再来！”

最后的结局是这样的：那位白人妇女买走了一个古希腊的铜像。她的朋友大概也觉得这位店主可以信赖，买走了两个彩色挂盘。皆大欢喜。

中国商人和西方商人一样，都要赚钱。然而，君子爱财，取之有道。这个“道”中，良好的信誉是至关重要的。目前，中国的这一代商人，很多还没有悟出这个“道”来，还做着一夜暴富的美梦，根本没有建立良好信誉的耐心和教养，只知快刀宰人，六亲不认。他们在大大小小的市场中，漫天要价，信口雌黄，坑蒙拐骗，直到暴力威胁。

只有规范成熟的市场，特别是慢慢成熟起来的消费者，才能教训他们，令他们渐渐上“道”。

3.. 在不可能的地方学得智慧

这是几个值得思考的故事。

（1）小学4年级，因功课太差，父母不得不决定让我留级，在第二年插班重上4年级。看着曾经同伴、同座的伙伴快乐地在5年级的教室出入，在第一次班会上，我沮丧得抬不起头。

新班主任戴老师在作完自我介绍后，说：“现在进行班会第二项内容，全体起立，为插读我班的罗天楠同学鼓掌祝贺。人生的路那么长，同一个年级读两次，就得到了两倍的同学与朋友。”

这是我此生求学生涯中所听到的对留级最美丽最智慧的诠释，他让一个10岁的心灵快乐成了一朵花。

（2）在大学毕业前的最后一节实验课后，我拿回了老师批复过的实验报告，右上角上没有红笔签注的成绩，翻到最后一页，有一行用红笔写上的字：写的一塌糊涂的报告，表示你有一颗一塌糊涂的脑子。

随后的时间里，我把这一条批注应用在我所经手的每一场交易上，屡试不爽。这是我在让我也让许多人一生引以为自豪的清华大学学到的最佳的一课。

（3）一天晚上，加完班后已是10点钟了，我走进附近的一家小吃店，叫了一份虾仁炒饭。很快就听到了旁边两个人的小声对话：

饭没有了。

再煮一锅。

再煮一锅？

再煮一锅。

在座位上喝着茶休息了近半个小时后，我吃到了我要的虾仁炒饭。饭间我见到了那位老板。问他：“饭店要打烊了，你再煮一锅饭岂不浪费？你完全可以叫我再换一家餐厅的啊。”

“不浪费，”老板说，“要想吸引一位顾客，做宣传，打广告，那些费用远比一锅饭的成本大得多。另外，您已经走进我的店里了，这就给了我们机会，机会也是成本啊。”

（4）一位跟随了我7年的业务骨干，因私拿客户回扣，被深受伤害的客户告上门来。为了端正公司风气，我毅然将他辞退了。

事后我一直无法释怀。我给他工资不低，待遇不薄，他完全没有理由再做有损公司利益的事。

后来，我打传呼给他，电话中再次问及此事。他略显惊讶地说："你那么忙，有那么多重要的事情要想、要处理，不知道这么长时间了，你还在想这件事。"

"想得通上天堂，想不通下地狱。"那天，那人在电话里这样对我说。

一天临上班前，保姆对我说，你以后再买冰箱还是买海尔的吧。说这话时，保姆的高兴之情溢于言表。我立时来了兴趣，问为什么。她说，昨天家里的冰箱不制冷了，她打电话给海尔维修部，电话一接通，还没说什么事，对方就柔声地说："真对不起，你一拨这个电话就说明我们给您添麻烦了。"

我问："后来呢?"她说，后来他们就问了是什么问题，地址在哪里，电话是什么，约了上门维修的时间。

我说，这没有什么啊，所有产品都有售后服务的吗。

"不一样啊，一样的话不一样的人说出来就是不一样的。"

回到办公室，我立时决定刊登招聘广告，高薪另聘一位有学历、有修养的前台接待员，以换下现在那位说出话来像棒槌的初中生。

(6) 从广告上看到，我公司附近新成立了一家同行公司，因为正好有一部分业务想分担出去，我决定去看看这家公司。

那是一间租用来的民居，条件简陋，我谈了我的业务要求，也表示了我的不满与担忧，最后决定先把业务中的一小部分放进来试试。"你可以全部放进来，不成问题的。"对方坚持着，"做体操也不一定非要借奥林匹克会场啊。"我被他们的最后一句话逗乐了，触动了。

当时，我正苦恼于因为办公环境拥挤与不气派而与许多新客户、新业务若即若离。

4. 第二颗太阳的味道

在一次事故中，阿诺失去了所有的亲人，被送进了孤儿院。这所孤儿院里有50个学生，6岁到13岁不等，阿诺和另外8个男孩住在一间干燥通风的公寓里。

清晨，室友们已经整理好了自己的床铺，唯有阿诺，好像还没有脱离突丧双亲的悲伤，把被子扔在小铁床上，一个人悄悄地抹着眼泪。查理朝他大叫：“阿诺，你怎么像个娘儿们!”惹得同宿舍的男孩哄堂大笑。

这时白瑞德先生走了进来，他是孤儿院里唯一的老师。他走到阿诺身边拍拍他的肩说：“我的孩子，开始你全新的生活吧。你这张床可以最早得到阳光呢。”他再摸摸阿诺的头：“嗯，快点，这地方棒极了!”阿诺迟疑了一会儿，便开始动手整理自己的床铺。正午的阳光从窗外射进来，暖暖地撒在阿诺的床单上。

阿诺之所以迟迟不整理自己的床铺，当然不是查理所说的像个娘儿们，他有一个秘密，那就是他有遗尿症。这毛病始于一个月前，阿诺的父母都不知道呢。阿诺觉得自己已经是男子汉了，千万不能让第二个人知道这丢人的事。但和8个特别捣蛋的男孩同处一室，要藏好这个秘密真是太难了。

第二夜非常太平，第二天阿诺发现床单照常温暖干燥。太阳从窗户照进来，洒满阿诺全身。阿诺甚至怀疑自己的病已经因为太阳的缘故奇迹般的好了。

可是这仅仅维持了两个晚上，第三天早晨，阿诺发现自己的床单湿了一大块。这事绝对不能让第二个人知道。阿诺发誓，要不我宁愿去死!他把被子摊的平平的，使劲掖紧了被角。晚上的秘密被他严严实实的捂在了被子底下。

接下来的日子，阿诺每次睡觉都会先缩进被子轻轻脱掉睡衣，用身体的热量把尿湿的床单一点点焐干，早晨起床后，再把被子摊得平平整整。虽然白瑞德先生要求他们必须把被子叠成方块，但在被别人窥见秘密和挨先生的骂之间，阿诺选择了后者。

当白瑞德先生问及阿诺为什么不叠被子时，阿诺憋红了脸编造理由，说这样可以让太阳均匀地晒在他的床上。白瑞德听完阿诺聪明的解释后，立即宣布以后可以像阿诺一样把被子摊开放在床上。这群孩子高兴得手舞足蹈，阿诺当然是最兴奋的一个了。

白床单上暗黄尿渍浸成的地图越来越多，阿诺每天晚上都得赤条条地与冰冷的尿湿的床单和难闻的尿臊味共眠。更可怕的事是周末去洗衣房。阿诺磨磨蹭蹭走在最后，可是眼尖的查理看到了，大喊：“阿诺，你的床单是不是有尿渍啊，鬼鬼祟祟的!”阿诺晃着拳头回击道：“再乱讲，我就不客气了。”说这话时，阿诺心里好害怕，唯恐自己的小秘密被这群蠢货搞得沸沸扬扬。

这天晚上，阿诺像往常一样赤裸裸钻进被窝，可床单异常干燥、温暖，并散发出一股特别好闻的味道。阿诺连翻两个跟头，然后腾地钻进去，在被子里闭上眼大口地吸气，就像刚出生的婴儿第一次找到母亲的乳房，贪婪地吮吸着夹杂着淡淡的腥臊味和浓浓太阳气息的空气。阿诺趴在床单上闻了好久，才甜甜地睡去。

第二天起床铃刚刚拉响，白瑞德先生就推门进来了，他一边拍手一边像母亲呼唤孩子一样地招呼道："宝贝们，今天的太阳好极了，我们把被子和床单晒到操场上去。"阿诺和室友们一同爬起来，卷起铺盖卷就往操场上跑。今天的太阳很好，天空蔚蓝一片。不一会儿，整个操场就被床单圈了起来，一股温暖的气息蔓延着，升腾着。这里面或许有不少的床单曾被尿湿过，但谁知道呢?

阿诺终于明白昨晚被子里的气息源于何处了，他再也不用担心被别人发现自己的小秘密了。因为从这天起，只要不下雨，学校操场上就会被50个孩子的床单严严实实的环绕起来。

白瑞德先生竟然会想到用50个孩子的床单去保护一个小孩子的隐私，他竟然能找到这么伟大的方式去维护小阿诺的尊严。

阿诺幼小的心灵被深深感动了，他主动向白瑞德先生坦白："老师，我最初不叠被子是因为……""是因为你没发现，我们心里还种着第二颗太阳。"白瑞德打断他。阿诺很不好意思地耸耸肩补充说："而且这第二颗太阳是有味道的，是混合这尿臊味和新鲜的太阳气息的那种。"白瑞德爽朗地笑了："其实，夜尿算不上什么丢脸的事，我小时候也经常干这勾当。"师生俩人就这样你一句我一句地聊了很久，最后阿诺甚至认为，正是夜尿症带给了他幸福的童年。

其实，生活中许多事情都是这样，你若选择另外一种方式去接受一个秘密，这个世界会和平温暖很多。

多年后，在马赛地区出现了一家远近闻名的诊所，名叫"第二颗太阳的味道"，诊所的主人就是阿诺。他把儿时白瑞德先生对自己的爱奉献给了更多的人。

在阿诺心里，永远都生长着第二颗太阳，它的味道丰富了阿诺的整个人生。

5．现在正是成功的时候

时间是上帝送给我们的礼物，但他要我们以生命为代价。

我们拥有过去，我们也拥有将来，但是我们永远生活在现在。

同样是人，同样活了一辈子，同样的一天二十四小时，有的人成就卓著；而有的人却一事无成。

成功的人，惜时如金，恨不能将一小时当做八小时使用；失败的人，挥时若土，以为时间是上帝白送的礼物，任由时间如流水从身边匆匆溜走。

英国作家毛姆讲过这样一个故事：

有个年轻的国王，登基时急于公正地统治他的国家，便广招天下的智者，命令他们去搜集世界上的所有智慧，编辑成书，以便他阅读学习，做一个好国王。智者们离开了，30 年后回来时，身后的驼队驮着 5000 本大部头的书籍。于是，他又命令他们将书本浓缩。15 年后，智者们又回来了，身后的驼队只带回了 500 本书。国王仍嫌太多。几年后，智者带回来的书不过 50 本，但国王已经老眼昏花，精力不济，就又命令将书浓缩成一本。5 年以后，他们编成了这本书，但是国王已奄奄一息，再也没有时间读这本书了。

毛姆借这个故事给我们讲了这样一个道理：把握了现在，也就是把握了契机；把握了成功，把握住了我们有价值的生命。

的确，我们拥有过去，我们也拥有将来，但是我们永远生活在现在。现在是成功的时候。

找准自己的位置

前不久社会上风靡着一本书《谁动了我的奶酪》，这本成人童话讲述的就是红灯思维和绿灯思维的故事。在一个迷宫中，生活着四个可爱的小精灵，它们是能够早早嗅出变化气息的嗅嗅，能够迅速行动的匆匆，害怕变化而否认和拒绝变化的哼哼，能够及时调整自己去适应变化的唧唧。它们就像我们生活在社会大舞台上一样，在寻找着自己的奶酪。

有一天，在迷宫的某一个走廊尽头，在奶酪C站，它们找到了自己想要的奶酪。这里真是一个天堂！四个小精灵被眼前的情景惊呆了：无数奶酪堆积如山，闪着诱人的光亮。它们呆了半晌，然后疯了般地冲进奶酪堆，开始狂欢。从此，四个小生灵面对着奶酪，以不同的方式开始了不同的生活。

哼哼和唧唧陶醉在奶酪中，享受着它们认为永远不会失去的奶酪，在安逸的生活中丝毫察觉不到正在发生的变化。某一天，它们像往常一样溜溜达达地来到奶酪C站，突然发现奶酪没有了，它们大吃一惊："怎么！竟然没有了奶酪?""怎么可能没有奶酪?""谁动了我的奶酪?""这不公平"。它们完全被眼前这个现实惊呆了，它们不相信奶酪会消失，难以接受眼前的事实。

而嗅嗅和匆匆在发现奶酪之后，仍然像从前一样日复一日地重复着它们的生活，到处闻一闻、抓一抓，看看今天和前一天有什么不同。当有一天它们发现这里没有奶酪时，并没有吃惊，而是迅速行动，去寻找新的奶酪。

哼哼和唧唧在过惯了安逸的生活之后，不愿相信失去奶酪的事实，害怕再去进行艰苦的寻找，害怕失败而不愿意再去冒险，它们抱着幻想等在原地，期待奶酪会奇迹般地自己再出现。

嗅嗅和匆匆在哼哼唧唧仍然等待在原地时，已迅速地走向了迷宫深处，仔细地寻找新奶酪，终于它们又找到了更大的新的奶酪站。

在无望的等待中，哼哼和唧唧的幻想破灭了。唧唧在幻灭中终于明白：生活在变化，我们也应随之变化，而不能在原地踟蹰不前。"如果你不改变，你就会被淘汰。"望着仍在抱怨、等待的同伴哼哼，唧唧终于自己又开始了艰难的寻找过程。在寻找中，他的境界得到了升华，体会到：等你超越了自己的恐惧时，你就会感到轻松自在。最后，唧唧终于也又找到了自己的奶酪。

奶酪是我们的工作，是我们当前的生活状态。在我们有了奶酪的时候，是一味躺在奶酪上享受，不再寻找，不想看到变化，不敢应对新的变化，还是随时做好奶酪被拿走的准备，不断寻找属于你自己的新奶酪，反映的就是红灯思维还是绿灯思维的问题。奶酪不是一劳永逸的所有，如同人生没有止境一样；寻找是有目的的，却又不仅仅是为了某一个具体的目的，更重要的是寻找过程中的乐趣。就像我们爬山，尽管到了山顶会有一览无限风光的景观，但是，蕴藏着更多乐趣、风光和享受的却是在爬山的过程之中。

注重过程、积极不断地寻找你自己的奶酪，倡导的就是一种绿灯思维。

有一位叫卡腾本的美国人，在巴黎挨家挨户地推销立体幻灯机。他虽然不会讲法文，却在第一年就赚了5000法郎的佣金，成为当年法国年薪最高的推销员之一。

他为什么可以在不懂法语的情况下成为专业的成功的推销员呢？他的做法是这样的：他先让雇主把与推销产品有关的法语写下来，然后牢牢记住，等他挨家挨户按门铃的时候，便向那些开门的家庭主妇把背下来的台词重复一遍。当他展示各种图片时，主妇们通常会提出一些问题，这时，他就耸耸肩说："一个美国人……一个美国人……"然后取下帽子，指着贴在上面的法文推销词。法国主妇们觉得好笑，他也跟着笑，并且拿出更多的图片来示范。卡腾本承认这个工作行之不易。他说，支撑他突破重重困难坚持下去的因素只有一个：就是决意要使工作变得饶有兴味。每天早上出发前，他对着镜子里的自己说："卡腾本，如果你要吃饭的话，就得做这个工作。既然你一定要做，何不做得高兴一点呢？每次按门铃的时候，何不假装自己是个演员，而有个人正看着你的表演呢？总而言之，你所做的就像在舞台上表演一样有趣，所以，为什么不在这上面投之以兴趣和热诚呢？"卡腾本说，这些鼓舞信心的话很有作用，使他原本讨厌的工作变成了有趣的探险，而且获益不小。

当问及卡腾本先生，是否有什么话要对渴望成功的青年人说时，他回答道："是的，就是每天早上不妨和自己说说话。我们常常说运动对身体很重要，以至于还没睡醒就起床到处走动。但是，我们更需要的是精神、心智上的运动，以便促使我们付诸行动。所以，每天不妨给自己说些鼓舞信心的话。"

这话听起来可笑、肤浅或是孩子气吗？一点也不。相反的，这在心理学上是绝对正确的。18世纪以前，马可斯·奥利亚斯在《沉思录》中就有这么一句话："生命是由思想组成的。"这句话在今天看来，也仍然是正确无疑的。

每天跟自己交谈，可以引导自己思考什么是勇气和幸福，什么是平安和力量。如果每天都能在这种思考中发现自己的一些红灯心态，并且能够及时地把它们转变为绿灯心态，我们的心灵就会海阔天空，快乐欢畅。

绿灯思维所倡导的另一个重要方面就是要积极行动，像嗅嗅和匆匆那样，在寻找的过程中享受快乐，像卡腾本那样，在行动中把单调的生活变得充满乐趣。古希腊大政治家狄摩西尼在回答他成功的秘诀是什么这个问题时说："第一是行动，第二是行动，第三也是行动。"懂得怎样去行动，怎样将理想化作具体的行动，这便是成功的道理。

1959年，珍妮·哈伯正在念三年级，她的老师布置了一项作业，要求大家写一篇关于长大后想做什么的作文。

珍妮的父亲是美国加利福尼亚州一个小农场里喷洒农药的飞行员，所以珍妮从小就被那些飞机和关于飞翔的一切深深地吸引着。她很用心地写着这篇作文，几乎囊括了她所有的梦想：她想喷洒农药，想跳伞，想人工降雨（这是她在电视上看到的一个情节），还想做一个真正的飞行员。可是当她的作业发下来时，上面却是一个大大的"F"（不及格）。老师告诉她，她的梦想只是一个"童话"，因为她所列下的每一个职业都不是女孩子应该做的。珍妮的心差不多被摧毁了，并且感到一种深深的屈辱。

她把作文给了父亲，父亲肯定了她的想法，"你当然可以成为一个飞行员，看看艾米莉·伊哈尔特。"他说，"你的老师根本不明白她自己在说什么。"

可是，随着时间的推移，每当珍妮谈及她未来的职业时，她都会遭到各种各样的嘲弄和否定，"女孩子是不可能成为飞行员的，现在不可能，以后也不可能。""你太不聪明了，你太疯狂了。"最终，珍妮放弃了自己的梦想。

当她升入高中的时候，她的英文老师是一位叫多伦斯·斯莱顿的夫人。斯莱顿夫人是一个从不将就的、要求很高的老师，她总是定下很高的标准并且不听任何托辞解释。她不像其他老师那样像对待孩子似的对待学生，而是期待他们表现的像负责任的成年人，就像他们毕业后为了在现实社会中取得成功时而必须表现的那样。珍妮起初很害怕，可是渐渐的，她开始喜欢和尊重她的严格和公正。

一天，斯莱顿夫人给全班布置了一道作业，"你认为10年后的今天你正在做什么？"珍妮思考着这份作业：飞行员？不可能。空中小姐？我还不够漂亮，他们不会要我的。家庭主妇？谁会愿意娶我？服务生？这我倒可以胜任，看起来这是比较现实一点的职位，所以她就写下了这项工作。

两星期以后，斯莱顿夫人发回了作业，要求大家把作文纸的正面朝下放在桌子上，然后问了这样一个问题："如果你有足够多的钱，并上了最好的学校，还有足够的天分和能力：你将会做什么？"珍妮突然感觉到一股好久没有的激情带来的冲动，顿时写下了她所有的从前的梦想。当学生们写完的时候，斯莱顿夫人又问道："有多少人是在纸的正反两面写下了同样的东西？"

没有一个人举手。

斯莱顿夫人接下来说的话改变了珍妮的一生。这位老师身体略略前倾，靠在讲桌上。她说："我要告诉你们所有人一个小秘密。你们的确可以上最好的学校，并且如果你特别想要，你也会有足够的钱。事实就是这样的！如果你不为自己的梦想奋斗，没有人会替你做的。你可以得到你所想要的，只要你有足够的决心。"

多年的否定带来的伤害和畏惧，在斯莱顿夫人所讲述的话里轰然倒下，珍妮感到一阵狂喜以及一点点害怕。她放学后留了一会，然后走到老师的跟前，向斯莱顿夫人表示了谢意并且告诉了她关于飞行员的梦想。斯莱顿夫人站起身，重重地拍着桌子，说："去实现它吧！"

就这样，珍妮在她后来的人生中真的实现了她的梦想。当然，这并不是一夜之间发生的奇迹，而是经过了整整10年的艰苦努力，包括面对怀疑、明显的敌意以及种种反对，她从来都没有退缩过。在她成为一名私人飞机驾驶员时，只因为她是女的而一直呆在副驾驶位置上。这时，甚至她的父亲也劝说她尝试其他行业。

可是珍妮说，"爸爸，我相信一切都会改变的，我要做领航员。"

于是，珍妮继续做着她的三年级老师认为是"童话"的事情——她从事过农药喷洒，进行了数百次跳伞，甚至作为一个天气调节飞行员在某个夏天进行了人工降雨。1978年，她终于成为被美国飞行协会认可的全国3名女性飞行受训者之一，50名女性飞行员之一。今天，珍妮·哈伯是一名波音737飞机的领航员。

绿灯思维的关键是要寻找到自己的奶酪，也就是要活出属于自己生命独特的东西来，而不是去随大流，甚至去抢夺或者挤占别人的位置。一棵草的故事说明了这个道理。

当农夫来到地里锄草时，一棵草气急败坏的质问农夫：瞧瞧你都干了些什么呀！你了解我们的价值吗？我们给人类带来了清新的空气，给大地带采生命般的绿意，我们保护着堤坝不被雨水冲刷，我们让世界充满生机……在千里沙漠，在茫茫戈壁，人们会因为有我们的踪迹而欢呼雀跃，而现在，你竟然愚蠢地要除去我们！

但是农夫听不懂草的语言，他甚至顾不上仔细看一看这棵草的模样，他挥汗如雨，疲惫不堪，一边挥动着越来越觉得沉重的锄头，一边嘟嘟囔囔地抱怨着："这些草，什么地方不好长，偏偏长在我的麦地里。"

如果我们是一棵草，就不要长在别人的麦地里。找一个自己的位置固然重要，但是找准自己的位置则更为关键。

欲擒故纵

欲擒故纵，让对手自动放弃。

一个著名公司的经理负责召开了一个确定新商标的讨论会，这个新商标由经理一手设计，本已经决定了，现在开个会只是走一下形式，以示民主。

"先生们，今天就新商标的事向大家征询意见，请大家踊跃发言。"经理说着从桌子上拿起商标向大家展示："这个旭日商标，大家应该没有什么异议吧。迈克尔先生，你认为如何？"

"很好！"营业部主任迈克尔笑着答道。

经理接着又问了其他几个部的主任，大家都表示赞同。

"经理先生，我想谈一点自己的看法。"有一个叫史密斯的年轻人站起来说。

"这个商标是不错，但有一个问题，它充分重视了我们的贸易伙伴日本，却忽视了亚洲最大的市场——我们正努力开拓的中国市场。由于中国与日本特殊的历史关系，中国人怎么能够容忍一个像日本国旗似的商标在中国国内出现呢？所以，这个商标考虑得不太周到。你认为呢？经理先生。”

经理愣了一下，沉思片刻以后，微笑着说：“这个商标有欠妥的地方，商标得重新设计，就交给你们出口部负责吧，你们比较了解国际市场。”

史密斯利用了迂回的战术，欲擒故纵。先称赞商标做得好，卸了经理心理戒备的武装，接着巧妙地摆出确凿的事实，权衡这个商标的利弊，不动声色地否定了它。

假如拒绝的方法得当，言辞充分在理，拒绝也会产生意想不到的结果。

有道德的人绝不乏言，有信用者必不多言，有才谋者不必多言。我们说话也要适量，没有把握的事不要乱开口，尤其当有陌生人以及比我们有经验和更多了解的人在座时。因为我们说多了，便是不打自招，暴露了自己的弱点，并失去了一个获得智慧和经验的机会。

在任何场合，说话要言之有物，否则便应少说。要说则说自己有把握的话，自己无把握的话不要说。此外，要注意：言不由衷的话不要说，伤人的话不要说，恶言恶语不要说，造谣中伤的话不要说，粗言秽语不要说。

避免争论

本杰明·富兰克林所说的：“如果你老是抬杠、反驳，也许偶尔能获胜，但那只是空洞的胜利，因为你永远得不到对方的好感。”

有一位爱尔兰人名叫欧·哈里，他所受的教育不多，可是很爱抬杠。他当过汽车推销员，后来因为推销不成功而来求助于卡耐基。听了几个简单的问题以后，卡耐基就发现他老是跟顾客争辩。如果对方挑剔他的车，他立刻会涨红脸大声强辩。欧·哈里承认，他在口头上赢得了不少辩论，但并没能赢得顾客。他说：“我走出人家的办公室时总是对自己说，我总算整了那个混蛋一次。我的确整了人一次，可是我什么都没有能卖给他。”

欧·哈里后来是纽约怀德汽车公司的明星推销员。他是怎么成功的？他这样说：“如果我现在走进顾客的办公室，而对方说‘什么？怀德卡车？

不好！你要送我我都不要，我要的是何赛的卡车。'我会说：'老兄，何赛的货色的确不错，买他们的卡车绝错不了。何赛的车是优良产品。'这样他就会无话可说了，没有抬杠的余地，他只有住嘴了。他总不能在我同意他的看法后，还说一上午的'何赛车子最好'之类的话吧。我们接着不谈何赛，我就开始介绍怀德汽车的优点。

过去若是听到他那种话，我早就气得脸一阵红、一阵白了——我就会挑何赛的错，而我越挑剔何塞的车子不好，对方就越说它好。争辩越激烈，对方就越喜欢我竞争对手的产品。

现在回忆起来，真不知道过去是怎么干推销的！以往我花了不少时间在抬杠上，现在我守口如瓶了，果然有效。"

一般地说，无谓的争论都是毫无价值的，只能徒增争论者的烦恼而已。

其实，天底下只有一种能在争论中获胜的方式，那就是避免争论。

对于成大事者而言，他们通常的做法是：把眼光放在远处，从长远利益考虑问题，力戒因小失大。

当一个人气上心头时，意气用事是在所难免的，因此，不论所说的话或所做的事，总是超出人所能想象的，在这个时候，即使平常说话非常谨慎的人，也会因丧失考虑而祸从口出。

然而，尽管生气是人之常情，但一个人若能高高兴兴地过一生，那不是一件很美的事？所以，我们应尽量以愉快的心情来处理碰到的各种问题。即使一旦发怒，最好能尽量忍在心里，不要爆发，用理智来抑制激情，这样才能使大事化小，小事化无。

一件小事往往能体现出一个人的修养和水准，在小节上能够表现得很好的人，他在经过千折百转之后一定能成就一番大事业。

凡事需适可而止

欲望的永不满足，不停地诱惑着人们追求物欲的最高享受，然而过度的追逐利润往往会使人们迷失生活的方向，因此，凡事须适可而止。

几个人在岸边垂钓，旁边有游客在欣赏海景。只见一名垂钓者竿子一扬，钓上了一条大鱼，足有3尺长，落在岸上后仍腾跳不止。可是钓者却用脚踩着大鱼，解下鱼嘴内的钓钩，顺手将鱼丢进海里。

周围围观的人响起了一阵惊呼声，这么大的鱼还不能令他满意，可见垂钓者雄心之大。

就在众人屏息以待之际，钓者的鱼竿又是一扬，这次钓上的是一条2尺长的鱼，钓者仍是不看一眼，顺手扔进海里。

第三次，钓者的钓竿再次扬起，只见钓线末端钩着一条不到1尺长的小鱼。围观众人以为这条鱼也肯定会被放回大海，不料钓者却将鱼解下，小心翼翼地放回自己的鱼篓中。

游客百思不得其解，就问钓者："为何舍大而取小?"

想不到钓者的回答是："喔，因为我家里最大的盘子只不过有1尺长，太大的鱼钓回去，盘子装不下。"

做人千万不要太贪，有贪必有失，只有适可而止的人才是真正的智者。

欲望，有时候会吞噬我们的情感、理智，甚至是一切。

生活像是一杯水，杯子的华丽与否显示了一个人的贫与富。但杯子里的水清澈透明，无色无味，对任何人都一样，接下来，你有权力加盐、加糖，只要你喜欢。

生活当中，该有多少人为了让自己的这杯水色香味俱全而无谓地往里面添加各种各样的佐料，诸如爱情、友谊、怒、哀、乐……所以他们都感到活得很"累"。然而，却有许多人义无反顾地继续累下去，这又是为什么呢?

有一只狐狸看见围墙里有一株葡萄，枝上结满了诱人的葡萄。狐狸馋涎欲滴，它四处寻找进口，终于发现一个小洞，可是洞太小，它的身体无法进入。于是，它在围墙外绝食六天，饿瘦了自己，终于穿过了小洞，幸福地吃到了葡萄。可是，它太贪吃了，胖胖地身体使它无法能钻到围墙外，于是，又绝食六天，再次饿瘦了身体。结果，回到围墙外的狐狸仍旧是原来那只狐狸。

生活当中这样的例子比比皆是，有不少人为了"得"而失去了很多东西。

即使只有一只手

一个乞丐来到一个庭院，向女主人乞讨。这个乞丐很可怜，他的右手连同整条手臂断掉了，空空的袖子晃荡着。碰上谁都会慷慨施舍的。可是女主人毫不客气地指着门前一堆砖对乞丐说：“你帮我把这砖搬到屋后去吧。”

乞丐怔住了，他用异样的目光看着妇人。终于，他用唯一的手搬起砖来，他整整搬了两个小时才把砖搬完，脸上几绺乱发被汗水濡湿了，歪贴在额头上。

妇人递给乞丐一条雪白的毛巾，又递给乞丐20元钱。乞丐接过钱，很感激地说：“谢谢你。”妇人说：“你不用谢我，这是你自己凭力气挣的钱。”

乞丐说：“我不会忘记你的，这条毛巾也留给我作纪念吧。”

说完他深深地鞠了一躬，就上路了。

若干年后，一个很体面的人来到这个庭院。他西装革履，气度不凡，但这人只有一只左手，后边是一条空空的衣袖，一荡一荡的。

来人俯下身，用一只独手拉住有些老态的女主人说：“如果没有你，我还是个乞丐，可是现在，我是一家公司的董事长。”

我们从“牙牙学语”到长大成人的过程当中，某种程度上会存在一种依赖，久而久之这种依赖便成了一种习惯。可是人生的道路上并非一帆风顺，而是布满荆棘与瓦砾，当你在最无助的时候，或许只有“一只手”，也可以帮你自食其力，自信地踏上人生之路。而那只手便是你自己的手。

千里之行，始于足下

理查德·维沃博士是一位博学多才的老人，他问一位年轻人：“你是否了解南非树蛙？”“不知道。”年轻人回答。

博士接着说："如果你想知道，你可以每天花五分钟的时间阅读相关资料，这样，5 年后你就会成为最懂南非树蛙的人，你会成为这一领域中最具权威的人。" 5 年后，当一个树蛙研究领域的权威人士杰瑞来拜访维沃博士时，博士高兴地发现，原来他就是当年的年轻人。

成功是一种能力的表现，没有任何借口可以解释你为什么无法长时间胜任一项工作。

成功与不成功之间的距离并不如大多数人想象的那样，是一道巨大的鸿沟。成功与不成功，只差别在一些小小的动作上，每天花 5 分钟阅读、多打一个电话、多努力一点、在适当时机的一个表示、表演上多费一点心思、多做一些研究、或在实验室中多试验一次。成功就在彼岸，当前工作做好了吗？

"合抱之木，生于毫末；九层之台，起于累土；千里之行，始于足下"老子如是说。

你以为可以不经过程而直奔终点，不从卑俗而直达高雅，舍弃细小而直达广大，跳过近前而直达远方。你心性高傲、目标远大固然不错，但目标好像靶子，必须在你的有效射程之内才有意义。如果目标太偏离实际，反而无益于你的进步。同时，有了目标，还要为之付出努力，如果你只空怀大志，却不愿为理想的实现付出辛勤劳动，那"理想"永远只能是空中楼阁、是一文不值的东西。

面对命运的挑战，只有选择做生活的强者，才能紧紧扼住命运的咽喉，在立志成才的道路上披荆斩棘，一往无前，实现自己的人生价值。

成功人士从来不因为是小事而懈怠，相反，即使是小事也认认真真办好，他们会把做好小事看成是一种磨炼。

勿因事小而不为。眼前的小事或许正是将来大成绩的幼苗和基石，一般大的成功都是小成功的积累。

想成功就从那细小的萌芽开始生长，就从那一撮泥土筑起，就从此时此刻开始，从坚实的土地上迈步，一步一个脚印地向前走。

请记住：连小事都做不好的人，大事也肯定做不好！

逆向思维解决难题

美国有一家大百货公司门口的广告牌上写着：无货不备，如有缺货，愿罚10万。一个法国人很想得到这10万元，便去见经理，开口就说："潜水艇在什么地方？"经理领他到第18层楼，当真有一艘潜水艇。法国人又说："我还要看看飞船。"经理又领他到第10层，果然有一艘飞船。法国人不肯罢休，又问道："可有肚脐眼生在脚下面的人？"他以为这一问，经理一定会被难住。经理也的确抓耳挠腮，无言以对，这时，旁边的一位店员应道："我做个倒立给这位客人看看！"

对于逆向思维这种方式，人们已经不很陌生，然而一旦遇到具体的实际问题，人们还是习惯用常规思维，很多本来可以解决的问题，也就被人们看成无法做到、难以解决的问题了。

按照古代寓言中的记载，谁能解开奇异的高尔丁死结，谁就注定成为亚洲王。

所有试图解开这个复杂怪结的人都失败了，后来轮到亚历山大来试一试。他想尽办法要找到这个结的线头，结果还是一筹莫展。后来他说："我要建立我自己的解结规则。"他拔出剑来将结劈为两半。他成为亚洲王。

汤姆·彼得斯说："创造性的思维为你提供了实现自我更多的机会。"

每一种文化、行业和机构都有自己看世界的方式。新的观念、好的主意常常来自拦腰截断那些习惯而成的思维疆界，把目光投向新的领域。正如新闻记者罗伯特·怀尔特所说："任何人都能在商店里看时装，在博物馆里看历史。但是具有创造性的开拓者在五金店里看历史，在飞机场上看时装。"

世间万事万物都是相互联系的，人们掌握的知识也是多门类多学科的，因此，面对一个思维对象，不能，更不必仅仅局限于传统习惯，不能更不必死守一个点。单兵作战毕竟力量太孤单了，假如拓展开去，到思维对象之外找个帮手，将两者合并思考，合力作战，不就威力强大了吗？

摆脱常规思维的束缚

汤姆·彼得斯说：“创造性的思维为你提供了更多实现自我的机会。”

天津“狗不理”包子久负盛名，在北方几乎是家喻户晓。但是，当它的分店开到深圳时，却大受冷遇。商家尽管不断加大宣传力度，多方开展促销活动，始终只能热闹一阵，难以吸引众人持续钟情于它。经营者面对尴尬的局面，深入街区调查，发现不是包子质量不好，也不是口味不好，而是深圳人对“狗不理”的名称太敏感了，心理上接受不了。经营者思之再三，忍痛摘下“狗不理”的牌子，换上“喜相逢”的匾额。此后，店里一改往日的冷清，门庭若市，效益也节节攀高，势不可挡。

企业是这样，人、国家、世界也同样，不同的地区有不同的文化、观念和理念，习惯没有固定模式，需要我们因人而异，因地制宜，及时地改变自己的一些处世方式去适应环境。

大象能用鼻子轻松地将一吨重的行李抬起来，但我们在看马戏团表演时却发现，这么巨大的动物，却安静地被拴在一个小木桩上。因为它们自幼小无力时开始，就被沉重的铁链拴在固定的铁桩上，当时不管它用多大的力气去拉，这铁桩对幼象而言是太沉重的东西。后来，幼象长大了，力气也增加了，但只要身边有桩，它总是不敢妄动。

这就是定式思维。长大后的象其实可以轻易将铁链拉断，但因幼时的经验一直存留至长大，它习惯地认为（错觉）铁链“绝对拉不断”，所以不再去拉扯。

那么，人类又如何呢？人类也因未排除“固定观念”的偏差想法，只以常识性、否定性的眼光来看事物，自以为“我没有那样的才能”，终于白白浪费掉大好良机。

曾经，一艘远洋海轮不幸触礁，沉没在汪洋大海里，幸存下来的九位船员拼死登上一座孤岛，才得以幸存下来。

但接下来的情形更加糟糕，岛上除了石头还是石头，没有任何可以用来充饥的东西，更为要命的是，在烈日的暴晒下，每个人都口渴得冒烟，水成为最珍贵的东西。

尽管四周是水——海水，可谁都知道，海水又苦又涩又咸，根本不能用来解渴。当时九个人唯一的生存希望是下雨或别的过往船只发现他们。

几天过去了，没有任何下雨的迹象，他们的周围除了海水还是一望无边的海水，没有任何船只经过这个岛。渐渐地，八个船员支撑不下去了，他们纷纷渴死在孤岛。

当最后一位船员快要渴死的时候，他实在忍受不住了，扑进海水里，“咕咕嘟嘟”地喝了一肚子。船员喝完海水，一点儿觉不出海水的苦涩味，相反觉得这海水又甘甜、又解渴。他想：也许这是自己临死前的幻觉吧，便静静地躺在岛上，等待着死神的降临。

他睡了一觉，醒来后发现自己还活着。船员非常奇怪，于是他每天靠喝这岛边的海水度日，终于等来了救援的船只。

当人们化验这水时发现，由于有地下泉水的不断翻涌，实际上，这里的海水是可口的泉水。

全神贯注

斯宾诺莎说：“要是袋子比其中的肉更好，那可是一件糟糕的事。”

全神贯注指的是用心专一，只有用心专一才能干一行、精一行。

牛顿结识了一位年轻的姑娘，并且向她求了婚。有一次，他们外出散步，牛顿含情脉脉地拉着姑娘的手。可是，他的思维却不由自主地想起了他正在研究的疑难问题。像做梦似的，他下意识地把对方的手指当做通烟斗的通条，直往他的烟斗里塞，这位姑娘疼得大叫不已，莫名其妙地看着牛顿。牛顿这才醒悟过来，痛心地向姑娘道歉说：“啊，亲爱的，饶恕我吧！我知道，这事不行了。看来，我是该一辈子打光棍儿。”

尽管姑娘宽恕了牛顿，但是却不能理解他，爱情终究成了泡影。科学上许多新的问题不断涌向牛顿的脑海，他整个的身心都集中在科学事业上，所以终身未娶。

爱因斯坦有一种奇妙的自我隔绝的本领。在家里，他常左手抱着孩子，右手做着计算，孩子的啼哭声和他哄孩子的声音仿佛属于另一个世界。在他自己的那个世界里，唯一的声音是分子、原子、光子、空间、时间……

有人问著名指挥家托斯卡尼尼的儿子："你父亲认为他一生中最大的成就是什么?"托斯卡尼尼的儿子回答说："在我父亲眼中没有所谓最大的成就，只要他正在做什么，那就是他最重要的事，不论他是在指挥乐队还是在剥一个橘子。"

从这些事例中我们不难看出，全神贯注正是他们取得成功的秘诀。养成全神贯注的好习惯，成功自然会眷顾你，因为全神贯注会使人拥有无比强大的进取之心。

全神贯注，专心致志，你就会攻无不克，战无不胜。

世界上许多伟大事业的成就者都是一些资质平平的人，而不是那些表面看起来出类拔萃、多才多艺的人。为什么会出现这种情况呢?其实，在我们的生活中处处见到这种情况，一些年轻人取得了远远超出他们实际能力的成就。很多人对此疑惑不解：为什么那些看上去智力不及我们一半、在学校里排名末尾的学生却获得了巨大的成功，并在人生的旅途中把我们远远地抛在了后面呢?其实，那些看起来智力平庸的人，往往能够专注于某一领域的某一事业，并长期耕耘不辍，最终实现了自己的目标；而那些所谓的智力超群、才华横溢的人，总是喜欢毫无目的地四处游荡，等到蓦然回首时，仍旧一无所有。

有人曾问狄更斯：他到底是怎么取得成功的，狄更斯是这样回答的："对于那些应该全力以赴的事情，我从来不掉以轻心。我在写作上所取得的一点成就，与我所养成的良好工作习惯是完全分不开的。我对那些非常普通甚至最不起眼的事情能够进行全神贯注地思考，而且一天都不会间断，对于完成的书稿，我也会不厌其烦地进行修改，反复地进行斟酌推敲。"

约瑟夫·格鲁尼在写给儿子的信中说："无论做什么事，不管是学习、工作还是游戏，你都需要全身心地投入。你一定要记住，做事情不能三心二意，更不要见异思迁。"

人生中之所以有很多的梦想无法实现，就是因为一个人在成长的过程中涉足的领域太多了，因此就很容易分散精力，也就阻碍了他们的迅速发展，使得他们最终一事无成。如果他们从小能够集中精力于某一领域，就很可能成为某一领域所向无敌的专家；如果他们总是四处出击，什么事都是浅尝辄止，不管做什么，最终只能了解一点皮毛而已。

没有行动何谈成功

说一尺不如行一寸。

没有行动的人没有资格谈论成功。

现实是此岸，理想是彼岸，中间隔着湍急的河流，行动则是架在河上的桥梁。

古代有两个和尚，其中一个贫穷，一个富裕。

有一天，穷和尚对富和尚说："我想到南海去，您看怎么样？"

富和尚说："你凭借什么去呢？"

穷和尚说："我有一个水瓶、一个饭钵就足够了。"

富和尚说："我多年来就想租条船沿着长江而下，现在还没做到呢，你凭什么去？！"

第二年，穷和尚从南海归来，把去南海的事告诉富和尚，富和尚深感惭愧。

穷和尚与富和尚的故事告诉我们一个简单的道理：任何一个伟大的目际、伟大的计划，最终必须落到行动上。

现在我们要你学会"立即行动！"让行动成为行为规律之后，你就会逐渐养成按规律行事的习惯。

通常你把工作推给明天或下个明天，零碎事务因而堆积起来，显得杂乱无章。面对一大堆杂乱的事情想要从中找出一件最重要的事情是很费力的。与此相反，如果你养成想到就做的习惯去处理文件，那么，你就避免了重新找材料的麻烦，从而节省大量时间和精力。

这种方法的另一种形式是：你若有一件事要做的话，那么就在下次一看见它时就去做，而不要把它扔回去，夹在有待整理的文件堆里。或者，你可以用彩色的铅笔把限期写上去，以便在接触这件未做事时，能清楚地回想起来。

一般来讲，一项工作若涉及他人，你越推迟就越难办。你最好这样想："因我的拖延而受害的人可能会瞧不起我，他们的反应对我来说是非常令人遗憾而又非常可怕的。我既然不想让他人看不起我，干脆下决心停止这种既愚蠢又自损的拖延习惯吧！"

这种积极的态度会帮助你不再拖延下去。即使你在某项工作上已远远落在了后面，你也要努力正视拖延所造成的困境，不要在心理上先打垮自己。这样，才能把更多的精力和时间用在行动上面，而不是一味地责怪自己为什么没开始行动。

第四章　为青春喝彩

寻找契合的生活

没有最好的家庭生活，只有适合自己能承受得起的才是真正的生活。

张临和录平都是外企的销售主管，她们能干、善良，都有一个看来幸福的家庭，可是却似乎相互羡慕。张临的丈夫在机关工作，当初与他结婚是看在他能分房的份上，可是两年下来，房子没有影儿，还只能住在租来的小房子里。虽然丈夫对她很好，幽默风趣又能干家务，但是张临还是略有怨言。她所在的公司给她带来日新月异的经营理念，高效的工作业绩使她的薪水频频跃升，可是丈夫的工资收入还是一成不变似的。现在，她准备筹备一点钱让丈夫去读个硕士，这样也好让他跳起槽来能有资本。

录平得知张临的情况，说她身在福中不知福，令张临讶异万分。原来，录平的丈夫与她一样也是外企中的骨干力量，夫妻俩白天拼命工作，有时忙不过来还要把工作带回家。5 岁的女儿只能从小送到寄宿制的幼儿园里，她觉得自从自己和丈夫跳到体面又风光的外企后，这个家就有点旅店的味道。孩子一个星期回来一次，有时她要出差，就很难与孩子相见。不知不觉中，孩子都幼儿园毕业了，在毕业典礼上，看到自己的女儿表演的节目，竟然有点不认得这个懂事却可怜的孩子了，自己在忙碌工作毫无空隙去思考孩子在感情上的寄托时，孩子却偷偷地跟着老师学习了那么多，可是在亲情的花园里，她却像孤独的小花。这一切，让录平悔惜。

她俩说到后来都哑然无声，略有所思。她们的工作是忙碌的，出差，开会，汇报，面见客户，一切都似乎在耗费她们青春中的时间和能力，她们因为爱情而结婚，但婚姻的可比性又让她们感到与事业的矛盾和某种压力，有点疲惫地自我蒙蔽，但是无可奈何。

当你在埋怨自己生活的失味后恰逢看到别人正想寻求这种失味时，也许会明白这个世界上，没有最好的家庭生活，只有适合自己能承受得起的才是真正的生活，风雨也难以摧毁。为此，沮丧和失落又如何。要寻找契合的生活本来就是件不容易的事情，这也正是生活带给我们的迷人课题。从与婚姻结缘那天起，就意味着将失去一些从未想过会失去的东西，它教会我们明白什么是最需要的，并把人生佳酿的美酒保留到最后。

人生的选择

人生充满了选择，而生活的态度就是一切。

杰里是个饭店经理，他的心情总是很好。当有人问他近况如何时，他回答："我快乐无比。"

如果哪位同事心情不好，他就会告诉对方怎么去看事物的正面。他说："每天早上，我一醒来就对自己说，杰里，你今天的两种选择，你可以选择心情愉快，也可以选择心情不好，我选择心情愉快。每次的坏事情发生，我可以选择成为一个受害者，也可以选择从中学些东西，我选择后者。人生就是选择，你选择如何去面对各种处境。归根结底，你自己选择如何面对人生。"

有一天，他忘记了关后门，被三个持枪的歹徒拦住了。歹徒朝他开了枪。

庆幸的是事情发现较早，杰里被送进了急诊室。经过 18 个小时的抢救和几个星期的精心治疗，杰里出院了，只是仍有小部分弹片留在他体内。

6 个月后，他的一位朋友见到了他。朋友问他近况如何，他说："我快乐无比。想不想看看我的伤疤？"朋友看了伤疤，然后问当时他想了些什么。杰里答道："当我躺在地上时，我对自己说有两个选择：一是死，一是活。我选择了活。医护人员都很好，他们告诉我，我会好的。但在他们把我推进急诊室后，我从他们的眼中读到了‘他是个死人’。我知道我需要采取一些行动。”

“你采取了什么行动?”朋友问。

杰里说：“有个护士大声问我有没有对什么东西过敏。我马上答‘有的’。这时，所有的医生、护士都停下来等我说下去。我深深吸了一口气，然后大声吼道：‘子弹!’在一片大笑声中，我又说道：‘请把我当活人来医，而不是死人，’”

杰里就这样活下来了。

人生充满了选择，而生活的态度就是一切。请展开你紧皱的眉头吧，不要陷入生活中不如意的一面而心烦意乱，情绪低落。

误诊的名医

人生在世，做错事产生过失是无可避免的，但能抬起双脚重新走向一个正确的方向，才是当下该做的事。

著名作家刘墉在一篇名为《庸医与华佗》的文章里，给我们讲述了这样一则足以让人的心灵震颤的故事。内容大致是这样的：

一个行医已十年的妇科名医在出诊时产生了错误，他误把一个孕妇子宫里的胎儿当成了肿瘤，并要求病人马上动手术，以防扩散。病人十人害怕，也十分感激这个名医及早地发现了隐藏在身上的这枚“炸弹”。手术很快就安排就绪了，手术室里所有的器材都是最新的，对于这位已经有过上千次手术经验的医生而言，只需切开一个小小的口，就取出病人腹中的瘤体，使病人永绝后患。但是故事并没有像我们事先预想的这样顺利，请看下面的这段描写：

医生打开病人的腹部，向子宫深入观察，准备下刀，他有把握将肿瘤一次切除，使病人永绝后患。

但是他突然全身一震，刀子停在半空中，豆大的汗珠冒上额头。

他看到了令他难以置信的事，一件在他行医数十年之间不曾遭遇的事。

子宫里长的不是肿瘤，是个胎儿。

他矛盾了，陷入挣扎。

如果下刀，硬把胎儿拿掉，然后告诉病人，摘除的是肿瘤。病人一定会感激得恩同再造，而且可以确定，那所谓瘤，一定不会复发，他说不定还能得个“华佗再世”的金匾呢！

相反地，他也可以把肚子缝上，告诉病人，看了几十年的病，他居然看走眼了。

这不过几秒钟的挣扎，已经使他浑身湿透。他小心地缝合之后，回到办公室，静待病人苏醒。

医生走到病人床前，他严肃的神情，使病人和四周的亲属，都手脚冰冷，等待癌症末期的宣判。

“对不起！太太，我居然看错了，你只是怀孕，没有长瘤。”医生深深地致歉，“所幸及时发现，孩子安好，一定能生下个可爱的小宝宝！”

病人和家属全呆住了，隔了十几秒钟，病人的丈夫突然冲过去，抓住医生的领子，吼道：

“你这个庸医，我找你算账！”

后来，孩子果然安产，而且发育正常。

但是医生被告得差点破产。最大的伤害，是名誉的损失。

有朋友笑他，为什么不将错就错？就算说那是个畸形的死胎，又有谁能知道？

“老天知道！”医生只是淡淡一笑。

我特别敬佩这名医生的勇气，在名誉与良心道德的天平上，他倾向了后者。而在通往众人景仰的圣殿与万人唾弃甚至是牢狱之灾的路上，它也选择了后者，这需要多么大的勇气啊！刘墉接下来评析说：“为自己的身家名誉，而去拼命的人，算不得大勇。不顾自己的身家名誉，而去维护真理的人，才是真正的勇者。”

做错事并不可耻，因为只要是人，就会做错事，否认自己的行为，不但是自己人格的缺失，也是令自己无法进步的障碍。

苏格拉底说过：“否认过失一次，就是重犯一次。”

如果我们让自我的生命，只是在为重复的过错否认，那么，生命不但无法前进，反而会退步。

美国总统罗斯福说过这样的话：“所有的功绩该归于真正在场地里奋斗的人，他们的脸上混着尘埃和汗血，他们奋勇的尝试，他们犯错，不断发现自己的缺点，可是要记住：努力去做，总会犯错，总会暴露短处，但他们却是真正苦干实干的人，他们有热忱、专心致志为了一个价值目标而耗尽心力，到头来如果成功，他们也才能真正知道胜利的果实是怎样的滋味，即使失败了，他们的胸襟也和那些冷淡又胆怯，从来不知道胜败是怎么一回事的人截然不同。”

看过伟人传记的人都知道：任何一个伟人，都是从挫折，失误中走出来的。所不同于一般人的，只是他们将生命中的错失，都当做自我生命再前进的垫脚石，而不是任由它阻碍自己前进的脚步。

成功就是选择和放弃

成功是一个选择和放弃的过程，是一种处在有价值与无价值之间的选择。

这样的人几乎随处可见，他们一生都在做着一些简单平常的事情，但他们还因此而十分满足。实际上他们是完全有能力干一些层次更高的事情。

许多人没有足够的进取心去开创伟业，因为他们的期望值一开始就很低，致使他们不可能从一点一滴做起，去开创它。正是生活目标的狭隘抑制了他们去确立宏大的进取心。

如果让笔者给年轻人一句忠告的话，我乐意把米开朗基罗写在拉斐尔工作室中一幅精巧塑像下面的那句话送给你们。上面写着：“做一个更了不起的人”。我建议每个年轻人都把这句名言镶在镜框里，悬挂在店铺里、办公室中和工厂里，悬挂在一个随时可以提醒你的地方。经常自省可以使生命的寓意变得更加宽广也更为深远。

正是雄心壮志使得美丽的人生有了可靠的基石。它督促我们去完成目标，帮助我们抵抗那些足以毁灭我们前途的诱惑。

如果人类没有创造世界和改进自身条件的雄心壮志，那整个世界仍将会在一种多么混沌的状态中啊！

与为了实现雄心壮志而进行的持续努力相比，没有什么东西可以如此坚定我们的意志。它将我们的思想引入更高的境界，把更加美好的事物带进我们的生命。

不久前，一个一无所有的年轻移民对笔者说："我要追寻生命的真正价值！"这是一个多么有价值的决定呀，这个决定以雄心壮志为基础，其目标是要成为一个对人类有用的人。

从此，这个年轻人白天努力工作，晚上到夜校读书，他利用所有的零星时间尽可能地提高自己。

在不同的文明程度下，人们的理想也不尽相同。一个人或一个国家所具有的理想，是与其现实条件和未来发展潜力相关的。

有什么理想比追寻生命的价值更为高尚呢！有了雄心壮志的激励，失败几乎是不可能的。

很多年轻人的问题就在于，他们一开始就没有明确的计划。对于成功的梦想总是犹豫不决，也缺乏有价值的目标。当他们在步入社会后，他们只是为了找个工作，而且这份工作还不一定适合他们，他们似乎对此也无所谓。没有任何雄心和抱负去激励他们追求更高的目标。

当看到许多人没有明确的理想和生活目标，只是一天一天漫无目的地混日子时，我们为此而感到非常惊奇。虽然时代的巨变已经使年轻人意识到了自己肩负的责任和理想的重要，但是我们仍然看到，四处都有一些没有生活目标的年轻人在虚度光阴。他们就这么按部就班地生活，随波逐流。如果你问他们在做什么，他的理想是什么，他会告诉你，其实他自己也不知道想要做什么。他只是在等待着一些好机会的出现。

阿道弗斯·莫纳德说："现在的问题是，我们总是处在不能做的大事与不屑做的小事之间，结果我们一事无成。"

从获得成功的条件来说，拥有出色的才干，受过高深的教育和有着良好的身体还不够。无数具备这三个条件的人仍然失败了，他们甚至仍然过着平庸的生活，因为他们没有以积极的态度去争取成功。由于缺乏巨大的动力和崇高理想的激励，他们的能力也就没有得到充分的施展。

歌德说："人的一生中最重要的就是树立远大的目标，并且以足够的才能和坚强的忍耐力来实现它。”

许多人在竞争中失败，并不是由于自己的失误。他们不再进取，只是源于人生的一些弱点。他们中的不少人缺乏坚韧，目标和意志，而其他一些人则缺乏决断力和勇气。实际上，这些不幸的人如果能再坚持一下，也许就可以获得成功了。

如果你的动力足够大，那么与之相匹配的能力也将不期而至。朋友，如果你面前有一项非常吸引人的奖品在激励着你，那么，你一定会变得更加敏捷，更具有创见，更加细致而勤奋，更加机智而思虑周全，而且会有更加稳健清晰的头脑，你也一定会获得更好的判断和预见力。

无论你拥有怎样的雄心壮志，都请你集中精力去为之努力，而不要左顾右盼，意志不坚。

不要给自己留退路，只管一心一意为了理想而奋斗。只有集中精力，才能获得自己想要的成功。

花园里的园丁懂得要修剪掉无用的枝条，因为它们会消耗掉养料。为了那些重要的事情，你是否也应该集中精力去改掉那些不良的习惯呢？如果你不能改掉那些牵扯你的精力的不良习惯，你就无法接近那些使你获得成功的重要机会。

成功是一个选择和放弃的过程，是一种处在有价值与无价值之间的选择。为了追寻有价值的事情，你应当放弃无价值的事情，它可以使你赢得充分的时间。在餐桌上，运动员总是挑那些最有益于增进体质的东西吃，这是同一个道理。

只有受到伟大目标的激励，只有执著地追求有意义的人生，你才能在世界上取得了不起的成就。成就的大小与成就本身，在很大程度上都取决于你的进取心和决断力。如果你到现在还没有在这两方面做好充分的准备，那么你必须从现在开始就努力培养这方面的品质，否则会一事无成。一旦进取心消退了，我们就失去了前进的动力；一旦动力消失了，我们就会随波逐流。

一个年轻人不是向上看，走上坡路；就是向下看，走下坡路。如果缺乏向上的精神，就会堕落。

作为一个年轻人，能力越差，就越应该尽可能多地利用这种品质以提升自己。如果你只有一项才能可以用来谋生，你就应该比拥有十项才能的人更加努力，更加充分地利用这种唯一的才能。

自己是命运的创造者

人的生活和命运是无轨迹的。只有用自己的双手去开拓生活，才能做自己命运的创造者。

人可以用规矩画出方圆，但是人不能利用任何东西画出自己的人生路线，虽然人生需要自己去实践、去探索，但是在这样的探索中，人永远也没有可能知道自己的下一步应该怎样走，人的命运是随机的，没有现成的轨迹可以遵循，如果说有的话，那这轨迹也是自己努力之后的结果，而远不是之前的预示。

从他记事起，他就知道父亲是个赌徒，母亲是酒鬼；父亲赌输了，打完母亲再打他；母亲喝醉后，同样也是拿他出气。拳打脚踢中，他渐渐地长大了，但经常是鼻青脸肿、皮开肉绽。好在那条街上的孩子大都与他一样，成天不是挨打就是挨骂。

像周围大多数的孩子一样，跌跌撞撞上到高中时，他便辍学了。接下来，街头瞎混的日子让他倍感无聊，而那些绅士淑女们蔑视的眼光更让他觉得伤心。他一次次地问自己：这样下去，不是和父母一样了吗？成为社会垃圾、人类渣滓，带给别人留给自己的都是痛苦。难道自己一辈子就在别人蔑视的眼光中度过吗？

在一次又一次的痛苦追问后，他下定决心走一条与父母迥然不同的道路。但自己又能做些什么呢？他长时间地思索着。从政，可能性几乎为零，进大企业去发展，学历与文凭是目前不可逾越的高山，经商，本钱在哪里……最后他想到了去当演员，这一行既不需要学历也不需要资本，对他来说，实在是条不错的出路。可他哪里又有当演员的条件呢？相貌平平？又无天赋，再说他也没受过什么专业训练啊！然而，决心已下，他相信自己能吃世间所有的苦而永不放弃。

于是，他开始了自己的“演员”之路。他来到了好莱坞，找明星，找导演，找制片，找一切可能使他成为演员的人恳求：“给我一个机会吧，我一定会演好的！”很不幸，他一次又一次地被拒绝了，但他并未气馁。他知道，失败一定是有原因的，每被拒绝一次，他就认真反省、检讨、学习一次……然后再度出发，寻找新的机会……为了维持生活，他在好莱坞打工，干些笨重的零活。

两年一晃而过，他遭到一千多次拒绝。

面对如此沉重的打击，他暗自垂泪。难道真的没有希望了吗？难道赌徒酒鬼的儿子就只能做赌徒酒鬼吗？不行，我必须继续努力！他想到，既然直接做个演员的道路如此艰难，那么，能不能换一个方法呢？他尝试着“迂回前进”：先写剧本，待剧本被导演看中后，再要求当演员。毕竟如今的他已经不是初来好莱坞的门外汉了，有两年多的耳濡目染，每一次拒绝都是一次学习和一次进步……他大胆地动笔了。

一年后，剧本写了出来，他又拿着剧本遍访各位导演：“这个剧本怎么样？让我当主演吧！”剧本不可以，至于让他这样一个无名之辈做主演，简直就是天大的玩笑：不用说，他再次被拒绝门外。

面对拒绝，他不断地鼓励自己：“不要紧，也许下一次就行，再一次……”在他遭到一千三百多次拒绝后，一位曾拒绝了他二十多次的导演对他说：“我不知道你能不能演好，但你的精神让我感动，我可以给你一个机会。我要把你的剧本改成电视剧，不过，先只拍一集，就让你当男主角，看看效果再说。如果效果不好，你从此便断了当演员这个念头吧。”

为了这一刻，他已做了三年多的准备，机会是如此宝贵，他怎能不全力以赴？三年多的恳求，三年多的磨难，三年多的潜心学习，让他将生命融入了自己的第一个角色中。幸运女神就在那时对他露出了笑脸。他的第一集电视剧创下了当时全美最高收视纪录，他成功了！

现在，他已经是世界顶尖的电影巨星。他，就是大家熟悉的史泰龙，他的健身教练哥伦布曾经做出如此评价：“史泰龙做任何一件事都百分之百地投入，他的意志、恒心与持久力都令人惊叹。他是一个行动家。他从来不呆坐着等待事情发生，他主动令事情发生。”

你的人生要你自己把握，你的生活必须你自己去创造，在你的人生路上，没有现成的模板可以套用，在你的生活中，别人的经验只是你的借鉴，而不是你的公式，人的生活和命运是没有轨迹的，今天的成功不代表一直成功，今天的失败也可能预示明天的顺利，总之不要相信命运，应该知道自己才是最终命运的创造者。

自己看中自己

自己看重自己，珍惜自己，你就会觉得活着很有意义!

有一个这样的朋友，下海经商好几年，不但没有像别人那样，腰包鼓鼓地挣到大钱，反而将几十年的积蓄也赔了个精光，还欠下人家很多的债。从此心灰意冷而一蹶不振。

他每天除了借酒消愁，便是懒洋洋地躺在床上，目光傻傻地望着天花板发呆。任何事都引不起他的好奇和冲动。

为此，许多朋友过来劝说，大道理讲了两火车，他只言片语也没听进去。后来他索性闭门拒不见客，如一只在茧中封闭着的蚕。

一天，一位朋友从网上给他发来一封信，叫他好好看看，细细地思量一下，也许会对他有些帮助。

无奈之下，他打开电脑。看过之后，深受震动。是封什么信呢?

所谓信，其实是朋友读的一篇文章。大意如下：

一位被父母遗弃的男孩被送进了孤儿院。

世界上最亲近的人莫过于父母了，可连他们都不要自己，活着究竟还有什么意思呢?男孩百思不解，于是便去问孤儿院的院长。

院长温和地笑笑，伸手递给他一块石头，对他说："明天你把这块石头拿到市场上去卖，看看有没有人买，如果有人买，不管别人出多高的价钱，千万不能卖，要完好地拿回来。"

第二天，他来到熙熙攘攘的早市上，在一个角落蹲下来，将石头掏出，大声吆喝着卖。

好奇的人们纷纷围拢过来，有人在评头足地议论，有的人开价欲买，在几个人的争执下，价越抬越高，大出他意料之外。

回到孤儿院，男孩向院长作了报告，院长依然温和地笑笑，"明天把它拿到黄金市场上去卖卖看，好吗?”

第二天男孩按着院长的吩咐，来到了黄金市场上，刚把那块石头摆出来，有人便出昨天最高价还要高出10倍的价钱来买。当然他没有卖，院长说过，即使他出的价再高，也不能卖。

院长听完男孩的汇报，对他说：“孩子，很好。明天你把它拿到珠宝市场上去卖如何?”

男孩痛快地答应了。

到了珠宝市场，那块石头的身价又比黄金市场上涨了10倍，因为院长有言在先，任谁出多高的价钱也不卖，所以人们便纷纷猜测说那是一块稀世珍宝，简直可以说是价值连城。

一连几天，一块普通的石块成了炙手可热的大红大紫之物，男孩非常迷惑，“为什么会这样呢?”他扬着小脸认真地问。

院长收起和蔼可亲的笑容，对孩子语重心长地说：

“人的价钱就像这块非常普通的石头，在不同的环境中就会体现出不同的价值来。由于你的珍惜、不轻易出手更使它迅速增值，甚至被人们传为无价之宝。”

院长拍了拍男孩的肩，“孩子，只要你自己看重自己，珍惜自己，你就会觉得活着很有意义!”

这位朋友猛然醒悟，不管是早市、黄金和珠宝市场，全由一个人的内心构成，心中的自信心越强，就像是那块石头被放到了珠宝市场上，自身的价码才会比在早市上高出百倍!

从此，他从沉沦中振作来，知道了如何培养自己的自信，如何利用自己的自信。从前的商海溺水，在他的眼中已不是可怕的惨败，它不过是上天对他的一种特殊磨炼，是馈赠给他的一份特殊的礼物，那就是千金难买的经验。他开始变得沉着而老练，不再惧怕别人的冷嘲热讽。就像一位哲人说的那样，被火烫过的孩子依然爱火，继续开拓他的奋斗之旅。

人人都看得起自己时，自己千万不要过分地看重自己。因为过分地自信就等于自负!

别人对自己有所轻视时，自己千万不可低估了自己。因为自己看不起自己的人，别人也会看不起你。

勤奋是通向成功的桥梁

什么都靠别人，说到底是一种依赖心理，是懒惰的表现。

常听到有人这样抱怨：“靠山山倒，靠河河枯，真是倒霉到家了，到头来任何人都指望不上!”当然啦，“山”和“河”是指他的亲人和朋友。

什么都靠别人，说到底是一种依赖心理，是懒惰的表现。为此而怨天尤人或沮丧不堪实在是没有志气的!

既然别人靠不住，为什么不靠自己呢？只要自己平时多勤奋一些，什么事情都会顺利地度过。还是那句话，靠自己最好。

一位9岁的小男孩，父亲在国外，他和母亲、兄弟姐妹相依为命。那时第二次世界大战还没有结束。

小男孩耐不住寂寞，就和住在他家附近的士兵交上了朋友。当时有一个陆军防空兵团就驻扎在那儿，因相距很近，交往起来很方便。

士兵们常送些小礼物给他，如陆军伪装钢盔、枪带、军用水壶等。小男孩则从家里拿些糖果、杂志，或邀请他们到家中吃顿便饭作为回赠。

一天，一位士兵朋友对他说：“等到星期天早上5点，我带你去船上钓鱼!”

小男孩高兴地跳起来：“哇噻！我太想去了，我甚至还从未靠近过一艘船呢。我总是用目送它走好远，真羡慕！我总是梦想着，有一天能在船上钓鱼。”

小男孩太兴奋了，嘴上也滔滔不绝：“噢，太感谢你了，我很快就要实现这一梦想了！我要告诉妈妈，星期六请你过来吃晚饭!”

到了星期六晚上，小男孩和衣而卧，为了保证不迟到，还穿着网球鞋。兴奋令他无法入睡，他幻想着海中的石斑鱼和梭鱼，在天花板上游来游去，数也数不清。

早晨3点，他便起身，准备好渔具箱，另外还带有备用的渔钩和鱼线，将钓竿上的轴上好油。带上两份花生酱和果酱三明治。

4点整，他就出发了，带着钓竿，渔具箱，午餐和满腔的热情，在黎明前的黑暗中等待他士兵朋友的到来。

等啊等，等到天边出现了鱼肚白，他的朋友还没出现。

等到了朝霞满天，还不见士兵的踪影，一个9岁的小男孩此刻的心情是何等的焦急！他盼望着奇迹的出现。

然而，他的那位士兵朋友失约了。

他后来回忆说：

“那可能就是我一生当中，学会要自立自强的关键时刻了。我没有因此对人的真诚产生怀疑或自怜自艾，也没有爬回床上生闷气或懊恼不已，更没有向母亲、向兄弟姐妹及朋友诉苦，说那家伙没来，他失约了。相反的，我跑到附近的杂货摊，花光我帮人除草所赚的钱，买了那艘心仪已久的单人橡皮救生艇。近午时分，我才将橡皮艇吹满气，把它顶在头上，里面放着钓鱼的用具，活像个原始狩猎人。我摇着桨，滑入水中，假想我在启动一艘豪华大油轮。我钓到一些鱼，享受了我的三明治，用军用水壶喝了些果汁，这是我一生中最美妙的日子之一。那真是生命中的一大高潮。”

那次士兵朋友的失约，使他懂得了不能靠等去实现美好的愿望，要靠自己动手去完成它，只有这样才能真正获得成功的乐趣！

这次失约，从此改变了他一生，9岁的那个小男孩，后来成了一名潜能激励方面的专家，他就是魏特利。

当时对他而言，上船去钓鱼是最大的愿望，假如他被失望的情绪彻底击溃，望着理想化作泡沫时自我安慰：“我真的想去船上钓鱼，但那士兵朋友失约了，太可恨了，责任在他，我没有错！”那么，今天的魏特利也许会是另外一个样子。

而他却采取了积极的行动，立即着手实现自己的计划，终于使愿望成真，从此也走向了一条新的人生之旅。

勤奋是治愈失望的最好良药，勤奋是通向成功的一座桥。

培养好态度

好的态度得到好的结果，不好的态度得到不好的结果。

经过一天辛苦的工作，汤姆觉得精疲力竭。当他回到家里时，电话铃声响起，原来是女朋友北上来看他。他高兴地挂上电话后，刹那间忘记了刚奋斗一天的疲劳，带着兴奋愉快的心情准备前往赴约。

这是怎么回事？是什么原因使一个人从极端疲惫转变成神采飞扬？答案是我们对事情的态度。

威廉·詹姆斯，这位全美国最受尊崇的心理学家曾说："我的时代成就了一个最伟大的发现：人类可以借着改变他们的态度，进而改变自己的人生！"

态度就像磁铁！不论我们的思想是正面或负面，我们都受到它的牵引。而思想则像轮子一样，使我们朝一个特定的方向前进。

就某种意义来说，这即是老式的因果律：好的态度得到好的结果，不好的态度得到不好的结果。

有位太太请了个油漆匠到家里粉刷墙壁，油漆匠一走进门，看到她的丈夫双目失明，顿时露出怜悯的眼光。可是男主人一向开朗乐观，所以油漆匠在那里工作了几天，他们谈得很投机，油漆匠也从未提起男主人的缺憾。

工作完毕，油漆匠取出账单，那位太太发现比谈妥的价钱打了一个很大的折扣，她问油漆匠："怎能少算这么多呢？"

他回答说："我跟你先生在一起觉得很快乐，他对人生的态度，使我觉自己的境况还不算最坏，所以减去的那一部分，就算我对他表示一点谢意，因为他使我不会把工作看得太苦！"

油漆匠对她丈夫的推崇，使她淌下眼泪，因为这位慷慨的油漆匠，自己只有一只手！

这不禁使我们想起了另一个故事：

两个卖鞋的人到非洲开发新市场。

抵达三天后，第一个业务员发了一封电报回去：“下班飞机返国。没法子卖鞋，这儿人人光脚。”但是第二位业务员两周内什么也没说。后来公司接到第二位业务员的航空信：“成交五十份合同。有无数的准客户，这儿没有人穿鞋。”

同样的状况，就看自己如何去思想，如何去面对。

弗列德利·蓝伯利基说：“两人从同样的栅栏往外看，一人见到污泥，而另一个却见到星星。”火可以使牛油软化，鸡蛋变硬，成功者与失败者之间最大的差别，就在他们用不同的态度来面对人生的问题。

哈佛大学在几年前做过一个研究，证实了这个论点。研究结果发表，态度比聪明才智、教育、特殊才能、机运更重要。研究人员总结：人生中85%的成功都归于态度，15%则在能力。虽然，要交过些特殊性征以准确的百分比列出来是很困难的，不过，那些研究人类行为的专家都同意：一切成功的起点，是培养一个好的态度。

我们无法改变人生，但可以改变人生观；我们无法改变环境，便可以改变心境；我们无法调整环境来完全适应自己的生活，但可以调整态度来适应一切的环境。

记得曾在报上看到一段很有意思的座右铭：“你不能决定生命的长度，但你可以控制它的宽度；你不能左右天气，但你可以改变心情；你不能改变容貌，但你可以展现笑容；你不能控制他人，但你可掌控自己；你不能预知明天，但你可以利用今天；你不能样样顺利，但你可以事事尽力。”这些话在你体会出真谛之后，方知价值无穷。

塑造一个最好的你

人是万物的灵长，是宇宙的精华，我们每个人都有光扬生命的本能。

在美国西部，有个天然的大洞穴，美丽而壮观出乎人们的想象，但是很久以来，没有人知道它的存在，因此它的美丽也等于没有。有一天，一个牧童偶尔来到洞穴的进口处，从此新墨西哥州的绿巴洞穴成为世界闻名的胜地。

我们每个人都有140亿个脑细胞，一个人只利用了肉体和心智能源的极小部分，若与人的潜力相比，我们只是半醒状态，还有许多未发现的“绿巴洞穴”。正如美国诗人惠特曼诗中所说：

我，我要比我想像的更大、更美
在我的，在我的体内
我竟不知道包含这么多美丽
这么多劝人之处……

我们告别了20世纪，回思过去人类艰难求索的历程，最值得骄傲的不是“登月”，也不是什么网络，而是人类发现自身蕴藏着无穷的潜力。

人是万物的灵长，是宇宙的精华，我们每个人都有光扬生命的本能。为“生命本能”效力的就是人体的创造机能，它能创造人间的奇迹，也能创造一个最好的你。

一个人相信自己是什么，就会是什么，一个人心里怎样想，就会成为怎样的人。我们每个人心里都有一幅“心理蓝图”或一幅自画像，有人称它为“自我心像”。自我心像有如电脑等程序，直接影响它的运作结果。如果你的心想象的是做得最好的你，那么你就会在内心的“荧光屏”上看到一个踌躇满志、不断进取的自我。同时，还会经常收听到“我做得很好，我以后还会做得更好”之类的信息，这样你注定会成为一个最好的你。美国哲学家爱默生说：“人的一生正如他一天中所设想的那样，你怎样想象，怎样期待，就有怎样的人生。”美国赫赫有名的钢铁大王安德鲁·卡耐基就是一个能充分发挥自己创造机能的楷模。他12岁时由苏格兰移居美国，先在一个家纺织厂当工人，当时，他的目标是决心“做全工厂最出色的工人”。因为他经常这样想，也是这样的做，终于成为全工厂最优秀的工人。后来命运又安排他当邮递员，他想的是怎样“做全美最杰出的邮递员”。结果他的这一目标也实现了。他的一生总是根据自己所处的环境和地位塑造最佳的自己，他的座右铭就是“做一个最好的自己”。

做一个最好的自己，不一定非要当什么“家”，也不一定非要出什么“名”，更不要与别人比高低，比大小，就像人的手指，有大有小，有长有短，它们各有各的用场，各有各的美丽，你能说大拇指就比小拇指好？决定最好的你，既不是你物质财富的多少，也不是你身份的贵贱，关键是看你是否拥有实现自己理想的强烈愿望，看你身上的潜力能否充分地发挥，人们熟知的这些英雄模范人物，就是在最平凡的岗位上，充分发挥人的创造机能，做好自己身边的每一件事，创造了最好的自己。

道格拉·拉赫在他的诗中写道：

如果你不能成为一棵大树，那就当一丛小灌木。

如果你不能当一丛小灌木，那就当一片小草地。

如果你不能是一只麝香鹿，那就当尾小鲈鱼但要当湖里最活泼的小鲈鱼。

我们不能全是船长，必须有人当水手。

这里有许多事让我们去做，有大事，有小事，但最重要的是我们身旁的事。

如果你不能成为大道，那就当一条小路。

如果你不能成为太阳，那就当一颗星星。

决定成败的不是你尺寸的大小而在于做一个最好的你。

“塑造一个最好的你”这个目标人人都可以实现，你只要意识到自己是大自然的一分子，是世界上独一无二的人物，坚信自己拥有“无限的能力”与“无限的可能性”，你就可以创造和谐的心理，生理韵律，建立起自己理想的自我心像，体现自己人格行为应该具有的魅力，这样不仅自己满意，也会得到21世纪的赞许和接纳。

幸福是什么

幸福并非稀有，也无所谓象征，她是个总和。

幸福是个总和。庸人紧抱肉体的欲望，免不了狭小心肠天天受到创伤；伟人高攀神圣的希望，免不了忙碌有为，拼搏图强。要么是安逸中的惬意，要么是成功后的丰功伟绩、千古流芳，你可以追求这一方，却不得不放弃另一方。命运，虽不敢说由你去安排，可幸福的结构可由你去设想、去构造。

为了搞点事业，你必须牺牲点什么。我们主动的放弃，是为了主动的获取。能够按照我们的意愿去安排我们的幸福结构，这就是幸福。有得有失，患得患失的心理常常是人们平庸的病根。

干什么有干什么的欢乐和幸福，也有干什么的忧愁和烦恼。林肯当总统后觉得有人在他面前说实话就是一种幸福。一天，林肯和大儿子罗伯特上街，街口被路过的军队堵塞了，林肯问一位老乡："这是什么?"意思是哪个军队。老乡答道："联邦的军队呗，你真是他妈的大笨蛋。"林肯说了声："谢谢"，关闭了车门，严肃地说："有人在你面前说实话，这是一种幸福。"

假如你是一个有权有势的人，那么你一定也会感到没人敢在你面前说实话将是一种痛苦。我们平常人就不会有这种感觉，只有失去的和未得到的才是最宝贵的。我们在构造幸福结构的时候，常常在为得到的感到欣慰，又为失去的感到遗憾。大概人们总是喜欢品尝各种幸福的滋味，因而才去不断地改变自已的幸福结构，才在不断的追求，总是从一种胜利走向另一种胜利。

如果你潜心于研究一门学问，你也可能会成为生活中的"呆子"。你不必难过，有得到必然就会有牺牲。

幸福是什么？幸福并非稀有，也无所谓象征，她是个总和。因为幸福人人皆有，随处可见、随时可得，故而并不"稀有"。因为幸福结构是"仁者见仁，智者见智"，不成定型、不拘定义；更无绝对的幸福，故而也无所谓的"象征"。

要奋斗就会有牺牲。自我牺牲精神是杰出人才的共性特征。伟人和凡人对幸福的理解常常是不同的。

让大脑成为一个工厂

"你的大脑是一个仓库还是一个工厂？"这句话是伊里诺斯银行和芝加哥信托公司的总经理尤金·斯提汾兹提问的。"你的知觉只是一种门户，让事实进入大脑里储藏着呢？……或者能将事实当做一种原料，让你的大脑生产出新的产品呢？”

伽利略发现过一种原理，根据这种原理产生出了古老的摆钟，他这种原理是如何发现的呢？法拉第如何发现电磁感应原理，而使电气发动机和电流传达变为现代最有力的工具呢？贝尔的电话是偶然发明的吗？马可尼的无线电也是碰巧发明的吗？这些发明家所看见的现象，也是其他的人都看见的。他们储藏事实的仓库并不比常人大些，但是常人所创造出的东西却比他们少，这又是为什么呢？

他们成功的秘诀，说起来其实很简单。他们每人在心智的门前站了一个哨兵，尤其是他们的眼睛和耳朵.观察每一个进来的客人，不断地问一些这类问题：“你是什么人？为什么要进来？你与刚才进来的一些人有什么关系？你的相貌为什么要长的这样？为什么你的声音与我刚才所听见的不同？你有什么好处？为什么你能进来？为什么？为什么？为什么？”

这些科学家发问的习惯几乎到达无法控制的地步。如果你提不出问题便不能解决问题。如果你吸收东西到大脑里，任它储藏着，那你的大脑不过是一座仓库而已。你所储藏的东西应当有卡片目录，需要的时候你便可以找出来。

另一方面，我们要清楚，这个哨兵的职务并不是阻止东西进来，而是做详细的盘查，避免一些破坏分子乘虚而入。他欢迎外国人和穿着奇装异服的人物。他询问它们是想多了解他们，训练你的知感哨兵养成询问的习惯，不可熟视无睹或盛气凌人。有时候，最重要的客人来时，却穿着极平常的衣服，不易引人注目。

引起伽利略观察并造成最大的发现的，并不是一个与众不同的东西，而是一件小而简单的物件。许多人都使用过而并未多加注意的小东西——灯，伽利略看后心中产生疑问，因而有了重大的发现。

当他在 17 岁那年，有一天走进当地一个犹太教堂。他正若有所思地环视四周，突然抬头望见教堂天花板上长链悬挂着的灯。这时，一种很难解释的事情发生了。他忘记了做礼拜，只是望着这些摇摆的灯……突然脑中涌现一种感想——这些灯的振动，或许长摆和短摆不是同时发生的吧。于是他默数自己的脉搏，以证实他的这种臆测，因为在那时候脉搏是他唯一所带来的测量物……他实验出来了，凡振摆不管其振幅大小，周期总是一定的。

提出疑问是要付出代价的。但是，如果你问了没有结果又如何呢？假如你不断地问，最后，便会引导你问到一个最要紧的问题上去。如果你从来不问，便会看不到问题，如果从来没有见过问题，当然就不能尝试努力解答。第一个发明就是问题的答案。有一次，美国电力公司的大老板斯泰因麦兹说："如果一个人无休止地问问题，世上就没有愚蠢的问题和愚蠢的人了。"

如果有人说我们的问题问得蠢，多半是因为他们不能回答的缘故。父母回答儿女的问题，也是直到他们不能回答时，便停止不许再问。一个工头如果懂得不多，也是不喜欢工人多问问题的，因为这会使他当众出丑。从另一个角度讲，问问题也是一种艺术。一个人不可在不适当的时候问问题，也不应以一种纠缠的态度或故意取笑被问者无知的态度问问题。

知识才是真正的财富

没有地位不算卑下，没有羞耻心才是真正的卑下。没有钱财不为贫穷，没有学问才是真正的贫穷。因为钱财的价值总是有限的，而学问知识的价值却是无限的。这是发生在美国福特公司的一个小小故事，我们从中可以得到启发。

有一天，福特公司里一台大型电机发生了故障，工程师维修了 3 个月丝毫不见起色，只得请来权威斯坦因梅茨。这位权威人士只在电机的某个部位画了一条线就使电机正常运行了。而有人却嫉妒地说斯坦因梅茨向公司要 10000 美元，他是勒索。因此斯坦因梅茨在付款单上写道：画一条线——1 美元，知道画在哪儿——9999 美元。多么巧妙的回答。我们每个人都会画线，然而并不是都知道该画在什么地方。这正显示了知识的价值。

培根说："知识就是力量。"高尔基说："知识是我们对这个社会的绝对价值。"斯坦因梅茨只画一条线而挽救的这台电机，使它能创造出几百、几千个 10000 美元，甚至更多更多，否则，岂不是一堆废铁？

哲学家泰勒斯，出身贫寒，一位商人挖苦地说："泰勒斯，人们都说你是一个知识渊博的人，可是你看看，你的知识能够给你带来什么呢？就算你有知识，可你现在还这么寒酸，足以证明知识那玩意儿只能给你带来贫穷！"

泰勒斯义正词严地说："我不允许你利用我的贫穷来贬低知识的作用，咱们走着瞧。"

他运用丰富的地理、天文、农业知识，断定第二年橄榄将会大丰收。冬天，他低价租下附近所有的橄榄榨油机。第二年猛长租金，结果发了大财。这时，他再对那个商人说："是你富，还是我富，我追求的并不是那几个钱而是知识，你根本不明白，知识才是无价之宝，才是伟大的力量！"

经济越是发达，越要尊重知识，越要注重教育。所以希望只顾眼前利益、贪图享受者们应该认识到——知识才是真正的财富，才是无价之宝。

你喜欢的就是最好的

美国《幸福》杂志曾在征答栏中刊登过这么一个题目：假如让你重新选择，你做什么？一位军界要人回答，去乡间开一个杂货铺；一位女部长的回答，到哥斯达黎加的海滨经营一个小旅馆；一位市长的愿望是改行当记者；一位劳动部长是想做一家饮料公司的经理。两位商人的回答最离奇，一位想变成女人，一位想成为一条狗。更有甚者，想退出人的世界，化成植物。其间也有一般百姓的回答，想做总统的，想做外交官的，想做面包师的，应有尽有。但是，很少有人想做现在的自己。

人有时非常矛盾。本来活得好好的，各方面的环境不错，然而当事者却常常心存厌倦。对人类这种因生命的平淡和缺少激情而苦恼的心态，有时是不能用不知足来解释的。

作者曾对住在森林公园的一对夫妻羡慕不已，因为公园里有清新的空气，有大片的杉树、竹林，有幽静的林间小道，有鸟语和花香。然而，当这对夫妇知道有人羡慕他们的住所时，却深感诧然。他们认为这儿没有多少值得观光和留恋的景致，远不如城市丰富有趣。

这说明了一个道理：熟悉的地方没有风景。这对夫妇对这儿太熟悉了，花草树木，清风明月，在他们漫长的日子里，已经不再有风景的含义，而是成为习以为常的东西。《幸福》杂志上的那些部长、商人以及平民百姓，之所以不愿做现在的自己，与住在森林公园的那对夫妇一样，是对长期拥有的那片风景已经习以往常，风景已不再成为风景了。

在人生的旅途中，最糟糕的境遇往往不是贫穷，不是厄运，而是精神和心境处在一种无知无觉的疲倦状态。感动过你的一切不能再感动你，吸引过你的一切不能再吸引你，甚至激怒过你的一切也不能再激怒你。这时，人就需要找寻另一片风景。

工作和生活中，我们追求知识，挣脱旧我，纯洁精神，净化灵魂，升华自己。其实，深究其根源，也是因为熟悉的地方已没有风景了。

有一个青年得了一种怪病：他不快乐，终日闷闷不乐。一天，他去拜见一位智者以讨求良方。智者说，只有世界上你认为最好的东西才能使你快乐。这个人看了看身边，他没有发现自己认为世界上最好的东西，于是他决定去寻找世界上最好的东西。

他收拾行装辞别妻儿老小，踏上漫漫旅途。

一天，他遇见了一位政客，他问："先生，您知道世界上最好的东西是什么吗？"政客官腔十足地说："世界上最好的东西吗，是至高无上的权利。"他想了想，觉得权力对自己并没有多大的诱惑力。于是他又去寻找。

第二天，他遇到了一个乞丐，他问："你知道世界上最好的东西是什么吗？"乞丐眯着眼睛懒洋洋地说："最好的东西？就是色香味俱全的美味佳肴呀。"他想了想，自己对食物并没有太多的渴望，所以也不认为那是世界上最好的东西。

第三天，他遇见了一位女人，他问："你知道世界上最好的东西是什么吗？"女人兴高采烈地脱口而出："当然是法国巴黎高档而漂亮的时装了！"他觉得自己对时装也不感兴趣。

第四天，他遇见了一位重病的人，他问："你知道世界上最好的东西是什么吗？"病人恹恹地说："那还用问吗？是健康的体魄。"这个人想，健康怎么会是最好的东西呢？我每天都拥有，但是我不认为它就是世界上最好的东西。

第五天，他遇见了一个在阳光下玩耍的儿童，他问："你知道世界上最美好的东西是什么吗?"儿童天真地回答说："是好多好多的玩具啊。"这个人摇了摇头，继续去寻找世界上最好的东西。

接着，他又先后遇到了一个老妇人、一个商人、一个囚犯、一个母亲和一个年轻的小伙子。

老妇人说："年轻是世界上最好的东西。"

商人说："利润是世界上最好的东西。"

囚犯说："自由自在是世界上最好的东西。"

母亲说："我的宝贝孩子是世界上最好的东西。"

年轻的小伙子说："我爱过一个姑娘，她脸上灿烂的笑容是世界上最好的东西。"

哎！没有一个回答令他满意。

他继续走啊走啊，他穿过川流不息、熙熙攘攘的人群，带着五花八门的答案又回到了智者那里。

智者见他回来了，似乎知道了他的遭遇和失望。于是捋着花白的胡子说："先不要去追究你的问题，因为永远不会有一个确切的而且唯一的答案。你现在考虑这样一个问题——把你最喜欢的东西和情景找出来，告诉我。"

这个人经过长途跋涉，已是饥寒交迫、蓬头垢面。他想了一会儿，对智者说："我出门很多天了，我想念我亲爱的妻子和可爱的孩子，想念一家人冬夜里围着火炉谈笑聊天的情景……"说到这里，他不由得感叹，"那就是我现在最喜欢的图画啊!"

智者拍了拍他的肩膀，说："回去吧，你最好的东西在你的家里，他们可以使你快乐起来。"

这个人不甘心，疑惑地问："可我就是从那里走出来的啊!"

智者笑了，说："你出来之前，不知道自己喜欢什么东西，你出来之后——比如现在，你已经知道了自己喜欢什么样的东西了。"

是啊，在这个世界上，最好的东西，就是我们喜欢的东西。不管是你拥有的，还是未曾拥有的，不管它是繁杂的，还是简单的，也不管它多么便宜，多么金贵，多么实在，多么虚无。只要是你最喜欢的，那就是世界上最好的。

积累才能

一天，某报社的一位年轻记者去采访日本著名的企业家松下幸之助。

年轻人很珍惜这次采访机会，做了认真的准备。因此，他与松下幸之助先生谈得很愉快。采访结束后，松下先生亲切地问年轻人："小伙子，你一个月的薪水是多少？"

"薪水很少，一个月才一万日元。"年轻人不好意思地回答。

"很好！虽然你现在的薪水只有一万日元，其实，你知道吗，你的薪水远远不止这一万日元。"松下先生微笑着对年轻人说。

年轻人听后，感到有些奇怪：明明我每个月的薪水只有一万日元，可松下先生为什么会说不止一万日元呢？

看到年轻人一脸的疑惑，松下先生接着说："小伙子，你要知道，你今天能争取到采访我的机会，明天也就同样能争取到采访其他名人的机会，这就证明你在采访方面有一定的潜力。如果你能多多积累这方面的才能和经验，这就像你在银行存钱一样，钱存进了银行是会生利息的，而你的才能也会在社会的银行里生利息，将来能连本带利地还给你。"

松下先生的一番话，使年轻人茅塞顿开。

许多年后，已经做了报社社长的年轻人，回忆起与松下先生的谈话时，深有感慨：对于年轻人来说，注重才能的积累远比注重薪水的多少更重要，因为它是每个人最厚重的生存资本。

1. 两种结果

两个乡下人外出打工，一个去上海，一个去北京。可是在候车厅等车时，又都改变了主意，因为邻座的人议论说：上海人精明，问路都收费；北京人质朴，凡吃不上饭的人，不仅给馒头，还送旧衣服。

去上海的人想，还是北京好，挣不到钱也饿不死，幸亏车还没到，不然真掉进了火坑。

去北京的人想，还是上海人好，给人带路都能挣钱，还有什么不能挣钱的？我幸亏还没上车。不然真失去一次致富的机会。

于是他们在退票处相遇了。原来要去北京的得到了去上海的票，去上海的得到了去北京的票。

去北京的人发现，北京果然好，他初到北京的一个月，什么都没干，竟然没有饿着。不仅银行大厅里的纯净水可以白喝，而且大商场里欢迎品尝的点心也可以白吃。

去上海的人发现，上海果然是一个可以发财的城市，干什么都可以赚钱。带路可以赚钱，开厕所可以赚钱，弄盆凉水让人洗脸也可以赚钱。只要想点办法，再花点力气，就可以赚钱。

凭着乡下人对泥土的感情和认识，第二年，他在建筑工地装了十包含有沙子和树叶的土，以“花盆土”的名义，向见不到泥土而又爱花的上海人兜售。当天他在城郊往返六次，净赚了五十元钱。一年后，凭“花盆土”他竟然在大上海拥有了一间小小的门面。

在常年的走街串巷中，他又有一个新的发现：一些商店楼面亮丽而招牌较黑，一打听才知道是清洗公司只负责洗楼不负责洗招牌的结果。他立即抓住这一空当，买了人字梯、水桶和抹布，办起了一个小型清洗公司，专门负责擦洗招牌。如今他的公司已有150多个打工仔，业务也由上海发展到杭州和南京。

前不久，他坐火车去北京考察清洗市场。在北京车站，一个捡破烂的人把头伸进软卧车厢，向他要一只啤酒瓶，就在递酒瓶时，两人都愣住了，因为五年前，他们曾换过一次票。

两种观念导致了两种行为，两种行为又导致了两种结果，这样不同的结果，不值得我们思考吗？

2. 1+1凭什么不能等于3

美国人的“奇思怪想”可以说是举世闻名，单单围绕迈克维一案，他们的花样已是层出不穷：当地小镇的酒吧推出一款名为“打毒针”（即迈克维被处死的方式）的饮料并举办“处决之夜舞会”；一家据称将是警察押送迈克维赴刑场必经路线的小餐馆，忙于准备“迈克维套餐”；更有一间T恤商店推出写着“死期已到”的T恤，结果瞬间告罄，而较早前推出的“该死”T恤早已售光，但另一款印有“宽恕他”的T恤却滞销……

俄城大爆炸案的主犯迈克维最后在特雷霍特被处决，行刑前他最后的晚餐包括了2品脱（1升）配有巧克力碎屑的薄有冰淇淋。不知当地的冰淇淋小贩是否干脆立即把该镇的冰淇淋改名叫“迈克维”，但有一点事实恐怕不可否认，就是迈克维为当地创造了极高的经济效益。再有就是美法院容许300多名俄城爆炸案的受害者家属通过闭路电视观看其被处决的过程，相信如果收费就能观看此情景，那收视率决不会亚于泰森与霍利菲尔德的拳王争霸赛。难怪迈克维“死不瞑目”，美国商人确实从他身上榨干了最后一滴血。

美国社会似乎总是充满种种“诱人的商机”，我们暂且不谈这些举措是否人道，但就他们对商业的开发精神来说似乎可圈可点。说他“唯利是图”也好，“掉到钱眼里”也罢，反正能挣到钱的总是他们。要说美国人聪明，似乎我们谁都不愿承认，因为自小我们国家的孩子就在奥林匹克大赛上争金夺银，而他们的孩子却连影儿都找不着。但长大以后却掉了个个儿，他们的孩子个个都是挣钱的一把好手。

我们的孩子从小很聪明，会做很多很多的题，长大了，美国人发明了YA－HOO，我们就照搬出好几个SOHU、SINA。他们的孩子从小很“笨”，但总是想出一些“新花样”。还有人说美国人历史知识贫乏得可怜，大概因为在我们学习历史的时候，人家已经开始思考未来了吧（不要将这句话压缩为“学习不重要”）！似乎上学第一天起，我们就日益被禁锢在“1＋1＝2”中了。迈克维被处决了，特雷霍特将趋于平静，但确信美国人还会玩出许多“新花样”。我们的孩子还是很优秀，但我想替他们问一句，“1＋1”凭什么不能等于“3”？

3．深圳人的观念

深圳之所以能在很短的时间崛起，是因为这里有很多全新的观念叫人一震，正是这些观念的引导，带来了举世瞩目的“深圳速度”，而全国第一的奇迹层出不穷。那么深圳的新观念有哪些呢？

（1）“超负荷主义”。领导如果发现，自己的将士能挑一百斤面仅挑八十斤时，会立刻给你压担子，五分钟就可以决定。深圳人不留恋“铁饭碗”，推崇“超负荷主义”的人生哲学。为了充分发挥每个人的创造力，就必须使一个只能担五百斤重的人，尝试着负担六百斤至七百斤，否则就是一种错误，而且也损伤了对方的自尊。在深圳，领导者的言语常常是：“不管你用什么办法，总之完成任务才来见我，我不习惯听人诉说困难。”

（2）善劳才多得。在深圳，有的是压力，完全靠自己的努力求得发展生存。过去崇尚“多劳多得”，而在商品社会里，这个观念有了新的发展，“善劳才多得”。不仅要肯干，还要善干，巧干，用最少量的时间创造最大的价值。这就需要雄厚的知识，因为知识就是力量，就是金钱。在这里，虽然有压力，但没有压抑，没有怀才不遇、英雄无用武之地的感慨，有的只是不知足的精神。

（3）敢为天下先。在深圳，人们崇尚“敢为天下先”的优胜观念。没有魄力干不成大事，“世界上之所以有路，就在于有敢于踏上取得第一脚。”一次大赛中，某青年获冠军，记者问他：“你来报名时有没有想到你会拿第一呢?”“我早就想到了，下次再赛，我还能拿。”他自豪地大声说着，同时，发出爽朗的笑声。凡是来这里的人都认为自己能搞出一番事业来，他们充满强烈的自信心。

（4）投我一票。在深圳到处都是实行聘用制，不少工厂和公司实行投票选“官儿”，竞选者有点像美国总统候选人那样公开地说：“我将会是你们选出来的最好厂长，请投我一票!”他们宁要人才富集的摩擦，也不要庸才充斥的一团和气。

（5）不谈他人私事。在深圳，人们关注的话题是：“听说她最近搞成了一宗项目，她晋升经理了!”诸如此类。关于他们自己的私事，如他们和那个男人或女人交往，那是自己的事。放着那么实现自我的机会，谁有闲心嚼舌头。在这里，独处的女人和离了婚的女人，觉着独身女人并不难，二三十岁的经理、厂长、企业家、外交家、社会活动家，比比皆是。

这些年轻的改革家就没有痛苦吗?没有痛苦又何为开拓?他们也又痛苦、呐喊、忧郁，但悲伤之后，能够倔强地抬起头，又走向那冰雪覆盖的山峰。宁可赴死也不失败。他们说：“世界上惟有自己能战胜自己。”活着就要有点声响，死，也要死得优美。“在这个城市里，不进则退，没有让你伤感和脆弱的时间。一个人的社会地位很大程度上取决于他们的创新能力，是强者，就能从失败的挑战中升起!”

不苛求完美

鲥鱼多刺，海棠无香，甘瓜抱苦蒂，美枣生荆棘。刚直的人有脾气，俊逸的人有妄气，忠厚极时近乎愚，辩才纵横则近乎肆。

为什么要写下这些话？是要提醒一件事：世界上并无十全十美的人。为此，我们需要保持对人的爱心，一如我们仍然喜欢海棠或鲥鱼。

每个人是一个月球，都以其光明皎洁的一面向人，并且不断努力使之团圆。对人如对月，最好忘记他背后的阴影。

1. 给予

这是一个使人回味再三的故事：

从前有个人，在沙漠中迷失了方向，饥渴难忍，濒临死亡。

可他仍然拖着沉重的脚步，一步一步地向前走，终于找到了一个废弃的小屋。这个屋子已久无人住，风吹日晒，摇摇欲坠。在屋前，他发现了一个吸水器，于是用力地抽水，可滴水全无，他气恼至极。忽然，他又发现旁边有一个水壶，壶口被木塞塞住，壶上有一个纸条，上面写着：你要先把这壶水灌到吸水器中，然后才能打水。但是，在你走之前一定要把水壶装满。他小心翼翼地打开水壶塞，里面果然有一壶水。

这个人面临着艰难的抉择，是不是该按纸条上所说的，把这壶水倒进吸水器里？但如果倒进去之后吸水器不出水，岂不白白浪费了这救命之水？相反，要是把这壶水喝下去就会保住自己最后的生命，一种奇妙的感觉给了他力量，他下决心照纸条上说的做，果然吸水器中涌出了泉水。他痛痛快快地喝了个够！休息了一会儿，他把水壶装满水，塞上壶塞，在纸条上加了几句话："请相信我，纸条上的话是真的，你只有把生死置之度外，才能尝到甘美的泉水。"

看了这个故事，我仿佛变得聪明起来，变得豁达起来。故事中所蕴含的哲理，可使我终身受用。

我喜爱这个故事。

2. 想想对方

著名心理学家卡尔·罗杰斯在他的书中写道：能了解别人的想法，你会收益很大。

也许你会觉得奇怪，真有必要去了解别人吗？我想是的。

我们对许多“陈述”的第一反应常常是“估量”或“评断”，而不是去“了解”。每当有人表达自己的感受、态度或是信念时，我们通常即刻做出的反应是：“这是对的”、“这好蠢”、“这是不正常的”、“那毫无道理”、“那是错的”、“那个不好”，我们很少要自己去了解陈述者话中的真正含义。

有一次，我请了一位室内装潢师设计家中的窗帘，当等账单送进来时，价钱着实让我吓一跳。

隔了几天，有个朋友来访看到了那些窗帘，问起价钱，然后以夸张的态度宣称：“什么？别吓人！我想你是受骗了！”

我想这话也许说得不错，但很少有人愿意听他人讲出这种真话，做出这样的宣判。于是，我为自己辩解，提出便宜非好货等道理。

第二天，另一个朋友来访，对那些窗帘赞不绝口，还希望也能买得起这种漂亮的货色。我的反应与前一天截然不同：“啊，老实说，我也差点付不起。我买贵了，真后悔没先问好价钱。”

当我们犯错的时候，也许会私下承认。当然，比如别人的态度温和一些，或显得有些技巧，我们也会向他们认错，甚至自认为坦白、心胸宽大。但是，假如对方有意让你难堪，情况又不同了。

知道了自己的这些感受，当我们看到别人的窗帘时，就应该知道如何说话了。

3. 善良受了欺骗

去朋友家串门，三口之家正闹得不可开交，孩子则在抹眼泪。问其原因，原来是孩子放学后，被一个骗子骗走了100元钱。

他的上初中一年级的儿子，在放学的路上碰上一个外地妇女，那个女人穿得很破旧，说自己的儿子在城里走失了，说完就哭。然后说自己好几天没有吃饭了，又没有回家的钱。

孩子听了很同情她，用自己的零花钱给她买了三只热乎乎的包子。

妇女对他说，能不能借点钱给她，以后肯定还。

孩子便把自己身上所有的钱都给了她。

回家孩子把这件事说给母亲听，母亲一听便对他说：“这肯定是个骗子。”

孩子说：“我当时也有点怀疑，可是见她眼泪都流出来了，就毫不犹豫地把钱拿出来了。”

争论就这样开始了。孩子的母亲说：“别让同情心害了自己。”

我不知该说些什么才好，只能匆匆告退。

为什么他们不能从另一种角度看待自己的孩子，譬如自己的孩子是如此心地善良。对一个孩子来说，难道善良的品德不比精明更加珍贵？

有时善良是被欺骗引发的，善良受了欺骗，便给善良多了一份警觉，对孩子来说，不是更好吗？

4. 罗杰教授和他的难题

小波初到哈佛时，人生地不熟，惶惶恐恐地选了世界著名教授的课，一丝不苟地做作业。

罗杰教授是著名的机器人专家，以“严格”出名，第一次作业就出了道难题。

这是小波来哈佛后的第一门课的第一次作业，他不眠不休地做了两天三夜。交作业后才发现，没有人做出这道题。

TA（助教）是个韩国人，在小波的作业上赫然批下：“如果你抄作业的话，最好能说明抄自何处。”

小波当即去找罗杰教授：“我刚下飞机没几天，人生地不熟，到哪儿去抄作业？”罗杰教授无奈地说：“白纸黑字地写下了，你让我怎么办呢？我能砍下他的手吗？既然你能做出这道题，我还有一道更难的、没有答案的题，你不妨试一试。”

这道题可不是三天三夜不睡觉做出的，足足花了几个星期的时间，小波总算把答案交到了罗杰教授的手上。

罗杰教授又惊又喜：你的答案让我非常悲伤，同时我又非常高兴。原来这是一道罗杰教授多年没有做出的题。

罗杰教授把小波收为弟子，第二个学期韩国人不见了，TA 换成了小波和一个美国女同学。

这个女孩子非常年轻，非常漂亮，也非常爱说爱笑。上课时两个 TA 不好好听课，躲在教室最后一排谈笑风生。

有一天小波正在罗杰教授的办公室，女同学进来说要先走了。罗杰教授趁机说："安娜是有丈夫的人，真是不一样呀，要早早回家做饭。"然后他回头神情古怪地对小波说："她丈夫是个物理学家。"

安娜被他戳穿了，脸一红，悻悻地走了。从此后不好意思再跟小波打得火热，上课也不敢再说笑了。

两年后小波要转系，罗杰教授虽然不舍，还是写了份很好的推荐信。后来，小波找工作时还想请他推荐，罗杰教授说："把你的论文拿来给我读一读。"读完论文后，罗杰教授打电话来："我不能给你推荐，因为你的研究课题我不熟悉。"

5. 现在就乖乖听我的话了

苏格拉底有一天在讲课时，一个家伙前往闹场，原来，他也曾是位老师，因为他的学生都倒向苏格拉底而怀恨在心。

"听别人说你很会迷惑众生，叫别人干啥就干啥，我很不服气。如果今天你能让我乖乖地听你的话，我就算了，否则……"

苏格拉底以极平静地口吻说道："你站得太远了，我听不到你在说什么，可否请你走近一点。"

那家伙闻言向前走了几步。

"再向前点！"苏格拉底又说。

那家伙依言又向前走了几步。

"阁下现在不就乖乖听我话了吗?"苏格拉底笑着说道。

那家伙瞬间脸色红一阵、白一阵，就在众人的讪笑声中惭愧离去。

不知是谁说过：语言的后面隐藏着一个杀人不见血的刀子。所以，不管哪种场合，都不可口出妄言，否则就是伤人害己。

6. 心的存折

鸟儿无意中带来的一粒种子，谁能料到多年以后会长成一棵大树呢！金女士回忆起创业之初的机缘来，每每对旅途中的一件很小的小事慨叹不已。

十四年前的一个夏天，金小姐作为一名公司职员从台湾去美国芝加哥参加一个家用产品展览会，午餐就在快餐厅里自行解决。当时人很多，金小姐刚坐下，就有人用日语问："我可以坐在这里吗?"抬头一看，是一位白发长者正端着饭站在面前。她忙指着对面的位子说："请坐。"接着，她起身去拿刀、叉、纸巾这类的东西，担心老人家找不到，便帮他拿了一份。一顿快餐很快就吃完了，老人临走时递来一张名片，说："如果以后有需要，请与我联络。"金小姐一看，哦，原来老人是日本一家大公司的社长呢！

一年以后，金小姐自己注册了一家小公司。生意做了不到一年，客户突然不做了，而这时，新一年的生产计划已经定了，连样品都做好了，更何况这是她唯一的客户！怎么办？真的一起步就要破产吗？她忽然想起那位日本老人来，就抱着一线希望去了一封简单的信，说不知你是否还记得我，我现在自己开了一个小公司，如果你来台湾希望能来看一看。信发出后一个星期，就收到了回信，老人说即日启程来台湾。两天后，他真的来了，还带来了六七个公司职员。他们拿出样品让她试加工，在肯定了产品和质量以后，当场投下了足够金小姐做一年的大订单。金小姐惊喜地问："您在台湾有很多大客户，而我这里只是个小公司，您真的信得过我吗？"老人从皮箱里拿出一本书来，名字叫《人心的贮存》，说："当初你在芝加哥给我小小的帮助时，你并没有想到会有这样的回报。就像我在书中所写的：人心就像一本存折，只有打开来才知道到底有多少收益。每本心的存折正是用一点一滴的善去积累的。"

生命的价值

人生的价值在哪里？

人活在世上总要问自己这个问题，不同的人有不同的回答，不同的回答就决定了不同的对生命的选择，就产生了形形色色的生命过程。

目的论的人把生命价值物化并且量化，以外在的拥有作为可见的生命价值来追求。比如，住上多少平方米的房子；在学术界，要使自己的名字进入那一部权威的名人字典；与邻人同事相比，要第一个拥有手机，第一个开上私人汽车，等等。这种价值定向看似实际和实在，却从来不能给人的心灵带来真正的持续的幸福感受，相反，往往在实现的刹那间变得一片空虚。一位学校的老师，把儿子考大学当做自己也当做儿子生命最重要的价值来追求。儿子在毫无内在渴求的压力下，只是为了遵从母命而学习，当然成绩平平，连连落榜。母亲则感到在学校里极没面子，以至在不到五十岁时就想退休，长期的忧郁还使她住了一次院，开了一次刀。幸好，社会的腐败给她带来了一个机会，通过几万元的送礼，终于把儿子塞进了一所高校。自我生命价值的实现使她一时高兴得不知怎样表达，只时时希望人人都问问关于她儿子高考的事，以便自己有个风光的机会。然而，贿赂上学的事不幸被查了出来，儿子被退回了家，自己也受到了处分，更重要的是她从此一蹶不振，竟不久郁郁而死。这不禁使人想到了范进中举的悲剧。

追求生命质量的人则把生命的过程看得更重要，更有价值，即人生不在于拥有什么，而在于经历了什么，在这一经历中自己是什么。所以，无论命运把他们安排在什么位置上，他们都不会因为卑微而自贱，也不会因为权高位重而不可一世；无论富有还是贫穷，他们都不会因为金山银河而丧失了人的本分，也不会因为粗茶淡饭而失去爱心和快乐。他们总是生活在内心的平静之中，总是在每一个角落都能发现人生甘醇的美酒，这种人生的价值，从不会因为外在的变化而贬值，反而会伴随着我们人生阅历的丰富越来越高，带来越来越多的幸福。有一位富有的拳击手，在第三次婚姻破裂时，喝下了腐蚀性极强的一瓶清洗剂，希冀用生命的结束来了结所有的人生不幸。但是，他被救了下来更重要的是他在医院的恢复期间认识了一个朋友，重新确定了自己人生价值的定位。之后，他在物质生活上虽然远远不如从前，甚至还要靠捡垃圾维持简单的生存，但是他却在从事大量的义务社会福利工作中找到了原先从未有过的快乐和平安。

有个比喻说人生好比攀登一座高塔，它至多不过有 100 级。如果一个人一旦达到它的顶端，就会掉下来摔得粉身碎骨。但是几乎所有的人都很难从那样的高度摔下来，而是在达到某一级时掉了下去。没有人预先知道自己将在哪一级掉下去，在攀登到那个注定的阶梯时，阶梯就像是陷阱的盖板那样在这个人的脚下消失，而这个人也就从此永久地消失了。虽然我们不知道属于自己的那一个阶梯，却明确地知道在那一百个阶梯中必定有属于自己的一个。

最初的攀登是容易的，不过很慢。攀登本身没有任何困难，而且在每一级上的塔楼瞭望孔中，所望见的景致也足以赏心悦目。越往上走，攀登越加困难，体力渐渐不支，目光也不大能区别事物。

通常一个人一年登上一级，旅伴为此祝愿他快乐，因为他还没有摔下去。每登上10级，祝贺也就更热烈一些。人们希望他能长久地攀登下去，攀登者也常常为这种祝愿而感动，但是，却没有人永远地在这个塔楼上攀登。

这样，大多数被称作正常的人的一生就如此过去下，而他们的精神却从来没有攀登过，一生都停留在同一个地方。

其实，这种攀登塔楼式的人生只是那种目的论的量化后的人生，是通过一个确定的数字来衡量一个人生价值的物化的人生。在第26级掉下去的人，就拥有一个26级的价值，显然，在第27级掉下去的人比之就多了一级的人生价值。

我们的人生并不是这么单调和单向度的过程，它所拥有的想像力不仅可以穿透所有物质围墙的束缚，更可以自由地创造出任何瑰丽绚烂、丰富多样的生存空间。事实上，人生因了我们的这种神奇的精神存在而充满着探索、机遇和选择。人生是一个无限的创造的过程，这才是它的魅力所在，是让人流连忘返的力量所在。

如果把人生过程作为价值的所在，那么，有价值的人生就存在于生命的每一天的平平淡淡的日子之中，就是一日三餐也能做出人生的最大快乐来，而不一定非得从事那些所谓的轰轰烈烈的大事业。

记得有位大公司经理抱怨他的德国之行说：德国人是什么工作态度，一到周末就都跑回家里，把我们撂在那里自己逛街，没有人能像我们那样先公司后家庭。事实上，这位经理所抱怨的事恰好反映了中西不同文化对生命价值的不同认识，我们衡量的尺度是在为群体服务中自我丧失的程度，丧失越大，越有意义；而在西方文化中，强调的是自我的个体幸福体验，所有社会生活都是以实现个体价值为目标的。正是因为这样的不同，中国人喜欢夸耀自己工作忙，没有时间回家，乐于让人看到自己的手机响个不停；而西方人则喜欢夸耀自己的妻子、孩子，为了工作后宁静的个人和家庭生活而讨厌配备手机等通讯工具。

现在，已经有越来越多的中国人赞同生命的价值就在于生命过程本身了，他们思维活跃，乐于探索，富于创新，关心公益人情十足，从一个目标到另一个目标，生活既有韵律节奏又常有独特的华彩乐章。一位社会学教授建议说：我们应当更多地注重休闲生活，休闲生活在人生中所占比例和它本身的质量，对于一个健康的个体人生从而也是对健康的社会群体生活意义重大。人们不妨拿出十分之一的收入去进行有价值的享受和娱乐，或者做自己想做的事，像是求学、旅游、从事业余文化活动等等。另外可以再拿出另一个十分之一来捐助社会、支持公益事业，使更多的人得到足够的社会关心和帮助。